本书为湖南省哲学社会科学基金项目成果（项目编号14YBA258）

| 国 | 研 | 文 | 库 |

近义单双音节方位词比较研究

——基于"里"类方位词的个案考察

刘清平————著

光明日报出版社

图书在版编目（CIP）数据

近义单双音节方位词比较研究：基于"里"类方位
词的个案考察 / 刘清平著 . -- 北京：光明日报出版社，
2021.6

ISBN 978 - 7 - 5194 - 6051 - 8

Ⅰ.①近… Ⅱ.①刘… Ⅲ.①汉语—名词—研究
Ⅳ.①H146.2

中国版本图书馆 CIP 数据核字（2021）第 083244 号

近义单双音节方位词比较研究：基于"里"类方位词的个案考察
JINYI DANSHUANGYINJIE FANGWEICI BIJIAO YANJIU：JIYU "LI" LEI
FANGWEICI DE GEAN KAOCHA

著　　者：刘清平

责任编辑：黄　莺　　　　　　　　责任校对：刘文文
封面设计：中联华文　　　　　　　责任印制：曹　净

出版发行：光明日报出版社

地　　址：北京市西城区永安路 106 号，100050

电　　话：010 - 63169890（咨询），010 - 63131930（邮购）

传　　真：010 - 63131930

网　　址：http：//book. gmw. cn

E - mail：huangying@ gmw. cn

法律顾问：北京德恒律师事务所龚柳方律师

印　　刷：三河市华东印刷有限公司

装　　订：三河市华东印刷有限公司

本书如有破损、缺页、装订错误，请与本社联系调换，电话：010 - 63131930

开　　本：170mm ×240mm

字　　数：177 千字　　　　　　　印　　张：15

版　　次：2021 年 6 月第 1 版　　　印　　次：2021 年 6 月第 1 次印刷

书　　号：ISBN 978 - 7 - 5194 - 6051 - 8

定　　价：95.00 元

目　录
CONTENTS

第一章

引　论

第一节　研究综述

方位词的研究一直是汉语语法研究的重要课题，学界在方位词的研究上已经取得了不少成果。从整体上看，早期的研究主要集中在方位词的词类地位、范畴成员、语法功能的描写分析上，20 世纪 90 年代以后，随着认知语言学、语言类型学等理论的引入，人们对方位词的研究也迈上了一个新的台阶。下面对与方位词有关尤其是与本书研究直接相关的研究成果做一个简要的回顾。

一、方位词研究概况

（一）方位词的词类归属研究

有关方位词的词类归属问题，丁声树（1961）、赵元任（1979）、朱德熙（1982）、文炼（1984）、邹韶华（1984）、Liu（1998）、张谊生（2000）、郭锐（2002）、刘丹青（2002）、方经民（2004）、李亚飞（2009）等都曾探讨过，学界主要有两种观点：

一是实词说。坚持方位词"实词说"的学者大都将方位词归入名词或至少将其看作名词的一个特殊小类。这一观点主要存在于古汉语研究领域和早期的现代汉语研究中。杨伯峻、何乐士（1989）认为"东、南、西、北、上、中、下、内、外、前、后、左、右"这一类的词基本上是名词。王力（1980）指出，有人把名词后面的"上""下"等词都叫作后置词，那是不合适的。特别是有"之"字在前面的时候，更显得"上""下"等是名词。张文国、张能甫（2003）认为从意义与功能来看，时间词和方位词应该属于名词。吕冀平（2000）认为方位词是具有助词性质的名词，但他也指出从语法方面说，方位词不完全和名词一样，主要表现为方位词一般不单独使用，有的甚至根本不能自由运用，总是附着在名词后面，或者和别的名词组合成一个表示时间或处所的名词。所以，吕先生建议把方位词列入名词，但又不同等看待，算作名词的附类。刘月华等（2001）认为方位词是表示方向和相对位置关系的名称的词，是名词的次类。黄伯荣、廖序东（2002）、邵敬敏（2001）等主编的《现代汉语》教材也都将方位词归入名词。

也有一些学者虽然不赞同把方位词看作名词，但至少还将其视为一种体词。赵元任（1979）把"方位词"作为和"名词"并列的一节，在"名词"节中没有涉及方位词。他认为"方位词表示事物的位置（包括时间上的），本身是体词性的"。朱德熙（1982）把方位词看作和名词并立的独立词类，都隶属于体词。郭锐（2004）也把方位词从名词中分立出来，将其与时间词和处所词合称为"位置词"。

二是虚词说。持方位词"虚词说"的学者大都强调方位词不同于名词的语法特征，认为方位词的后附性等特征是明显的虚词的属性。田申瑛（1985）把单音节方位词定为虚词，和介词、连词、语气词等并列。吕叔湘（2001）认为单音节方位词和某些量词很像后缀。钱乃荣（1990）、张谊生（2000）都认为方位词具有虚词的性质。刘丹青（2003）认为"上、下、中、里、外"等在逐渐失去名词性的同时也在不断地增加其虚词性。从现代汉语的角度看，它们的虚词性已经非常明显。刘丹青根据普遍的语法演变规律和汉语的类型特点，认为汉语的方位词已经发展成后置介词。方经民（2004）认为，从共时平面来看，方位词处于由方位成分形成的一个由实到虚的语法化程度连续统的末端，方位词已经虚化为虚词。

国外的汉语研究者大都坚持方位词的"虚词说"。Ernst（1988）认为汉语中的"里""上"等方位词（如"屋里""桌子上"）的词性归属是汉语语法中有争议的问题之一，有人把它们归入名词，有人则将其看作后置词，该文持后一种观点。Liu（1998）认为方位词既不是名词，也不是后置词，而是没有自身词性的附着语素。在语音上不能独立，并且可以不带本调，在语义上仅仅为前面的名词组提供地点特征［＋loc］。这样的分析可以解释为何方位词很少独自出现，以及为何有与名词和后置词都不一样的语法属性。

（二）方位词的句法语义研究

传统语法对方位词的研究主要集中在对方位词的句法、语义的研究。金昌吉（1994）指出，方位词的主要语法功能是附着在其他词的后面构成方位短语，认为方位词与其所附着词语的语义关系可以分为三类：（1）接附类。如"桌子上的书"，"书"与"桌子"相接附，"墙上的画"，"画"与"墙"相接附。（2）分离类。如"天安门前的人们"，"人们"与"天安门"即是分离关系，"墙外的树"中"树"与"墙"的关系也是如此。（3）包容类。如"院子中的人"，其中"人"在"院子"的空间内，"工厂里的机器"，也与此相同。

邹韶华（1984，2007）主要考察了方位词的语法功能：一是方位词与其他词类的结合情况，二是方位词在某些固定格式里的活动情况。范晓（1996）谈到方位词的主要功能是附着在实词（主要是名词）或短语之后，构成方位短语。储泽祥（1997）则全面研究了现代汉语的方所系统，讨论了方位词构成方所的功能。

（三）方位词的认知研究

20世纪80年代以来，认知语言学的观念逐渐被人们接受，方位词的研究方法有了突破。廖秋忠（1989）、方经民（1999）、刘宁生（1994）、崔希亮（2002）、储泽祥（2004，2008）等运用认知语言学的观点和方法来研究汉语方位词与空间表达的关系。

廖秋忠（1983）较早对篇章中方位词的参照点问题进行了深入的研究。他认为进行空间定位时一般要有个参考点，但是，如果在一定的语境中这个参考点是明确的，说话人便不必将其表达出来；同样，如果参考点在上文已经提及或者可以从上文推测出来，说话人也可以不必明示。所以，一般语法著作中说大多数双音节方位词可以单独使用，而单音节方位词一般不能单用，这只是从句法的角度说的，并没有考虑到语境。

方经民（1987）专门以单音节方位词为对象，深入考察了它的方位参照聚合系统。方先生认为方位参照通常包括观察点、参照点、方位词、方位辖域等几个要素，这几个要素既可以用于空间领域，也可以用于时间领域。参照点可以分为绝对参照和相对参照。表示空间的"东、西、南、北、上、下、中"，表示时间的"上、中、下、先、前、后"，表示范围的"间"，它们所表达的方位观念是宇宙间客观存在的，是绝对的。用这些方位词作方位参照时，一旦选定参照点，其方位辖域不会受参照点的朝向、观察点的位置朝向等因素的影响，这种方位参照是绝对参照。而表示空间的"前、后、左、右"用于方位参照时，其方位辖域的确定取决于参照点的朝向或观察点的位置朝向，因此这种方位参照是相对参照。文章还提出了外物参照、整体参照、自身参照、确切参照和模糊参照等概念，确立了一个相对完整的方位词参照系统。

刘宁生（1994）在对比物体空间关系的真实性的基础上，揭示了汉语中表达物体的空间关系的特点，探讨这些特点怎样直接或间接地制约汉语表示空间关系的方位词的选择性，以及表达空间关系语句的可接受性。

储泽祥（1997）对现代汉语中方位词的参照系统进行了全面的描写分析。他认为"名词性成分＋方位词"结构中，名词性成分是方位词的基点或称基准，是方位词所依据的事物，但并不是所有的方位词都只有一个基准。有的只有一个基准，有的有两个基准，分别称为单层基准和双层基准。"上、下、左、右、前、后、里、外、内、中、间"只有单层基准；而"东、西、南、北"则有双层基准，它们是以太阳的出没为基准对空间进行划分的，因此，太阳是"东、西、南、北"的第一层基准，同时，它们又可以在一定的语境中出现在"名词性成分＋东/西/南/北"中，这些名词性成分就是第二层基准。双层基准中，第一层是隐性的，第二层是显性的；而单层基准都是显性的。

方经民（1999）将方位参照置于人的认知系统中来考察，认为空间方位参照反映了语言社会对认知空间中的空间方位关系的认知过程，它是一种立体的、抽象的、深层的认知结构。文章从观察点的确定、方位词的选择、方位参照点的确定和位置参照点的选择等几个方面，深入讨论了汉语社会在空间方位参照认知过程中的基本策略，比早期的研究深入了一步。

表示空间方位是方位词最基本、最原始的用法，但是方位词的语义又经常发生引申，用来表达其他领域的相关概念。随着认知语言学理论的引入，很多学者运用隐喻理论对方位词的语义引申问题进行了广泛深入的研究。

李宇明（1999）讨论了空间在人们认知世界过程的重要地位，文章首先用"时间具有'高差'""面向过去还是面向未来""时段是容器"等认知规律解释了"上、下、前、后、里、中、内、外"等方位词表时间用法的来源机制。其次，文章认为方位词可以隐喻到社会空间领域，用来表示权势关系、亲疏关系等。

曾传禄（2005）讨论了"里、中、内、外"的方位隐喻，认为"里、中、内、外"可以用来表示时间、范围、数量、状态和地位关系。刘建刚（2005）考察了"上、下"表示社会等级高低等用法的隐喻机制。史佩信（2004）深入研究了"前、后"表时间用法的隐喻模式。

（四）方位词的语法化研究

方经民（2004）考察了现代汉语方位词在形式、意义和功能上的内部差异。他认为，在古代汉语中，方位词可以看作名词，但是发展到现代汉语阶段，这些方位词的语法属性发生了较大的变化，成为内部成分性质并不统一的混合体。原有的方位名词分化为方位构词成分和方位词汇成分，其中方位词汇成分又进一步分化为方位名词、方向词、方位区别词和方位词四类。方位词的形式、意义和功能上的分化反映了它们在语法化进程中的不平衡性。方位词的分化和语法化不但改变了汉语词类系统的格局，也给汉语空间表达方式带来重大影响。

李晋霞、刘云（2006）着重从共时平面的概念域上分布差异入手，考察单音节方位词在语法化上的非匀质性。这种非匀质性主要表现为语法化程度的差异，以及语法化在概念域演变上的取向差异。他们认为，单音节方位词在语法化上的非匀质性具有空间上的认知基础。

张谊生（2002）则认为，"中"作为一个正在虚化中的时态助词，从方位词到时态助词是一个逐渐变化、步步虚化的连续统，并且从虚化机制的角度探讨了"中"的虚化诱因及其历程。

（五）方位词的历时研究

与现代汉语方位词的研究相比，方位词的历时研究显得相对比较薄弱。

谭赤子（1991）、唐启运（1992）、张世禄（1996）考察了古代汉语方位词的语法功能及语义功能。单音节方位词的溯源工作也有一些成果，如周晓陆（1996）、张玉春（1984）、吴福祥（2007）等。一些汉语史的著作对某些单音节方位词的来源也进行了举例性的分析。还有一些是古代汉语方位词的专书研究或断代研究，如王瑛（1995）按照单纯方位词和复合方位词两大类，对《唐诗别裁》中的方位词进行了穷尽统计，同时根据各类方位词和其他词结合的状况进行细致分析，指出复合方位词在唐代还不发达，各类方位词的附着性还不强；方位词尤其是单纯方位词中的泛向用法比前代更为明显和突出。侯兰生（1985）对《世说新语》中的各类方位词都进行了较细致的考察，对词语组合、语义特点以及出现频率几个方面都有分析，认为《世说新语》中方位词的出现频率远比上古汉语高，即普通处所名词的后面常常要加上方位词。

对双音节方位词的历时考察极少，值得一提的是林晓恒（2006）和邱斌（2008）。邱斌考察了双音节方位词产生的时间。考察发现，"×面、×边、×头"类双音节方位名词的出现时期较晚，大概从魏晋南北朝以后才逐渐产生。其中不同的具体成员产生的时间也不尽相同，"东面、南面、西面、北面、东边、南边、西边、北边"等作为方位词出现于魏晋南北朝时期，"上面、下面、里面、前边"出现于唐代，"里头"出现于宋元时期。

林晓恒（2006）描写了魏晋至唐单音节方位词的语义变化，认为是单音节方位词语义自足性的降低引起形式上新因素的加入和补充，从而导致双音节方位词的产生。

对于双音节方位词的产生原因，蔡言胜（2005）认为是汉语双音化这一大趋势的结果，是韵律原因造成的：即原来的"N + L"本是自成轻重的一音步，汉魏以后单音节参照名词 N 首先复音化，原来的韵律平衡被打破，为了重新获得音节和谐，于是让后置单音节方位词 L 也双音化成为一音步。

二、单双音节方位词的比较研究

这方面吕叔湘（1965）、谢红华（2001）做过一些考察。吕叔湘统计了 10 万字的语料，对其中的单、双音节方位词的使用情况做了比较。谢红华则从语法功能、与其他词语的组合功能等方面比较了单、双音节方位词的异同。

较早对这一问题进行研究的是吕叔湘先生。吕先生在《方位词使用情况的初步考察》一文中，以对封闭语料的统计揭示了单双音节方位词在使用上的若干差异，如：（1）单音节方位词主要出现在名词后边和介词后边，双音节方位词也出现在这两种位置上。在这两种位置之外，一般要用双音节方位词，单音节方位词只在对举的场合出现，如"东也闹兵，西也闹兵""管前不顾后"。（2）单音节方位词和介词组合两方面都要受到一定的限制。在介词方面，"往"出现最多，"向、朝、冲"用例较少；双音节方位词和介词组合不受什么限制，但"往、朝、向"的后面接单音节方位词要比双音节方位词多得多。（3）单音节和双音节方位词的选择跟前面名词的音节多少无关，但可能与语体有关。书面语中多用单音节方位词，而口语中则多用双音节方位词。该文既有定量统计，又有定性分析，指出了方位词使用中的不对称现象，对后来的相关研究产生了重要的影响。

谢红华（2001）在吕叔湘文章的基础上统计了更大规模的语料，对单双音节方位词的差异提出了一些新的看法。从构词能力来说，单音节方位词的构词能力比较强，具有较高的能产性，可以和很多单音节名词性语素结合，构成双音节词，而且位置灵活，既可以在名词性语素的前面也可以在名词性语素的后面。单音节方位词还可以用于量词、数词、动词等其他语素的前面构成新词或词组，如"上次、下半夜、中立"等。而双音节方位词则基本上不能构词，但是它们可以和很多名、动词组合，组成表示空间和时间的方位短语；另外，它们也可与介词结合，组成介词短语。而且，在与名词组成短语时，双音节方位词一般位于双音节名词的后面，居前时一般要加结构助词"的"，这与单音节方位词构词时可前可后的灵活性很不一样。

三、"里"类方位词的研究

"里"类方位词的研究集中在两方面：

一是对"里"及相关方位词"内""中"等的历时考察，如汪维辉（1999）、黄芳（2006）、王莉（2008）等。汪维辉的《方位词"里"考源》，认为方位词"里"是从名词"表里"的"里"转化而来的，而其差别就在于三维空间与二维空间的不同，并就其从西汉到南北朝时期的演变轨迹做了较为细致的探讨。

二是"里"与其他单音节方位词之间的共时比较研究。邢福义（1996）、曾传禄（2005）、邓芳（2006）、朱真（2007）、杨辉（2007）等对"里""中"之间或"里""内""中"之间的异同做过研究，陈满华（1995）、高桥弥守彦（1992）、葛婷（2004）对"里"与"上"进行了比较研究，邹韶华（2002）对《红楼梦》中"里""外"的方位用法做过比较。

邢福义（1996）较早讨论了方位结构"X 里"和"X 中"在语表形式、语里意义和语用价值等方面存在的若干差异。从语表形式上看，"X 里"中的 X 一般只能是名词性成分，而"X 中"的 X 则既可以是名词性成分，也可以是动词或形容词性成分。从语里意义看，两种形式都可以用来表示特定处所、时间或事物的内部空间，此外，有的意义只适合用"X 里"，如等同义、指代义和划界义；有的意义则只适合用"X 中"，如活动义、状态义和无限义。从具体应用来看，"X 里"倾向于表示空间性方所，而"X 中"倾向于表示集合性或抽象性事物以及活动和状态。总体而言，由于"X 里"更加口语化，当 X 是名词性成分时，"X 里"更为活跃，因此其使用频率要比"X 中"大得多。

邓芳（2006）考察了"X 里/中/内"在组配规律和语义表达上的共性和差异。从组配的选择限制来看，方位词的语义对与之组合的"X"的选择倾向性会有一定的影响。"中"前面的"X"既可以是名词或名词性短语，也可以是形容词或形容词性短语。"中"表示方位的时候，往往可以同时表达"里面"和"中间"这两种相关性极高的意义，所以它前面的"X"还可以是表示动态过程性的动词或动词性短语。"内"表示的空间一般是具体而有限的，即使表示抽象的空间，那也是客观存在物的抽象空间。此外，由于其方位强调的是与"外"相对的内部空间，所以与方位词"内"组合的"X"主要是名词或名词性短语。"里"继承了"中""内"表方位的某些特点，其前面的"X"既可表示具体事物，也可以表示抽象的事物或性状，这些事物的范围还可以很宽泛，"X"可以由名词性词语或形容词性词语构成。从语义表达来看，"X里/中/内"可以表示处所、范围、时间、情状、指代和进程等意义，这几种意义与三种形式的配对存在着错综复杂的关系，并不是一一对应的。

四、以往方位词研究中存在的不足

一是对近义的单双音节方位词进行的比较研究较少。目前已有的少数研究都只是将单音节方位词和双音节方位词分别作为一个整体进行讨论的，难免失于粗疏，所以还有必要就每一组具体的单双音节方位词在具体使用中的差异进行更为细致的考察。

二是对双音节方位词的历时研究重视不够。由上古汉语的单音节方位词独霸天下到中古以后单双音节方位词分庭抗礼，这一变化是汉语语法史中引人注目的重要事件。但迄今为止，对双音节方位词的产生机制及其历时发展过程缺乏具体深入的探讨，特别是针对每一个具体双音节方位词产生过程的深入研究还亟待加强。

三是对方位词的研究缺乏从古至今的串联比较研究。

第二节　研究对象和研究目标

一、研究对象

在现代汉语语法体系中，方位词是作为一个词类概念提出的。通行的现代汉语教材，一般是从内部构成角度把方位词分为以下两大类：一类是单音节的方位词，即"上、下、里、外、前、后、左、右、东、南、西、北"等，一般称之为单纯方位词。另一类是双音节的方位词，即"上面（边、头）、下面（边、头）、里面（边、头）、外面（边、头）、前面（边、头）、后面（边、头）"等由单音节方位词为语素构成的词，一般称之为合成方位词。

但是，迄今，学界对方位词的性质、范围等仍有不少争议，根本原因就是方位词内部成员——主要单音节方位词和双音节方位词在语法功能上的不平衡。单音节方位词和双音节方位词在语法功能及表意功能上既有差别，又有联系，在语言使用中既有纠结，又有分工。

单、双音节方位词在形式的分化和功能上的差异促使我们思考：单音节方位词和双音节方位词在语言使用中究竟存在怎样的纠结与分工？这种纠结与分工是如何产生的？有了单音节的方位词，为什么还会产生基本同义的双音节方位词？双音节方位词的产生对整个方位词系统有何影响？

要解答这些问题，我们既要从共时平面全面考察单、双音节方位词的使用情况，又要从历时层面考察单、双音节方位词的发展、演变情况。然而尽管近几十年来方位词的研究成果颇丰，但是除了吕叔湘（1965）、谢红华（2001）外，少有文章从单、双音节方位词比较的角度来考察单、双音节方位词的使用异同，也未见有专文考察双音节方位词的产生及发展过程。

为便于研究的深入展开，我们把研究对象限定在"里"类单、双音节方位词，即"里""里面/里边/里头"这一范围内。里外关系是基本的空间位置关系，而"里"类方位词又是方位词使用中的高频词，对"里"类方位词的共时情况和历时发展的个案描写，将有助于我们以此为切入点，深入了解单音节方位词和双音节方位词的使用异同及其背后的动因。

二、研究目标

本研究希望解答以下几个问题：

（1）从使用上来说，近义的"里""里面/里边/里头"不好区分，对它们在使用中的异同，没有人给出细致清晰的解答。因此我们要解答的第一个问题是："里""里面/里边/里头"在句法、语义、语用上有什么纠结与分工？哪些功能是由"里"承担，哪些功能由"里面/里边/里头"承担，哪些功能是由"里""里面/里边/里头"共同承担的？

（2）从理论上来说，有了单音节的方位词"里"，为什么还会产生双音节的"里面/里边/里头"？为什么"里面/里边/里头"产生后"里"仍然保留下来？

（3）"里面/里边/里头"的产生对"里"造成了什么影响？对方位短语有何影响？双音化给句法、语义、语用造成了什么样的影响？产生了哪些效应？

我们希望通过对"里"类方位词的个案研究，发掘单音节方位词和双音节方位词的使用异同及其背后的动因，探求语言演变的规律。

第三节 相关理论基础及研究方法

一、理论基础

本研究将以语法化理论、认知语言学的相关理论为理论基础。

吴福祥（2005）指出，语法化作为语言研究的一种理论框架，它的最大特色是打破共时和历时的畛域，运用跨学科的视角来描述和解释人类语言的语法系统的形成过程。语法化理论的最终目标是要回答"人类语言的语法系统是如何建立起来的，人类语言的语法为什么是以那种方式构造的"。因此，我们在研究中以语法化理论为基础，不但能深化我们对汉语语法演变事实的认识，而且也有助于我们对汉语共时语法系统的深入理解。

此外，我们还将借鉴认知语言学的相关理论，对"里"类方位词的方位参照、"里"类方位词的语义引申过程等进行描写和解释。

二、研究方法

一是共时研究与历时研究相结合。

本书首先从共时平面，细致地考察单、双音节方位词"里""里面/里边/里头"在句法、语义、语用上存在的纠结与分工，然后再从历时平面考察"里""里面/里边/里头"发展演变的过程，只有通过对共时平面与历时平面的分析比较，才有可能把握"里""里面/里边/里头"的发展演变脉络，发现语言演变的内在规律。

二是定量分析与定性分析相结合。

定性研究方法，在研究中凭借的是研究者对材料的主观感受和判断，但这种分析常常带有一定的不确定性和主观性。因此，我们一方面在开放的语料库中搜寻语料，采用定性研究的方法来分析材料；另一方面，我们还建立了一个 600 万字的现代汉语语料库和 150 万字的历代汉语语料库，对语料进行定量统计和分析。苏新春（2007）指出，计量研究是语言研究中的一种重要方法，是通过对语言的结构、分布、使用、变迁等要素进行数量分析来揭示语言的状态、性质与特点的一种方法。定量统计与分析可以避免语言研究的主观性，体现语言研究的客观性。因此，不管是共时的描写还是历时的考察，我们都有统计数据的支持，坚持定性分析与定量统计相结合的方法，力争全面、客观地呈现语言现象，以期得出更加符合语言实际的规律和结论。

三是描写与解释相结合。

语言研究不仅要对语言现象进行细致的描写，更重要的是要对语言现象进行合理的解释。因此，我们一方面对"里""里面/里边/里头"共时平面的异同进行了全面细致的描写，另一方面还从历时、认知等多个角度对其背后的动因进行解释。只有加以合理充分的解释，才能触摸到语言演变的内在机制。

第四节　相关问题说明

一、语料说明

本书所用语料主要来自自建的封闭语料库及开放的电子语料库。

（一）自建的封闭语料库（用于定量统计的语料）

1. 现代汉语语料（约600万字）

（1）文艺语体（约100万字）

毕淑敏小说：《预约死亡》《女人之约》《墙上不可挂刀》《翻浆》《婚姻鞋》《进当铺的男孩》；

刘心武小说：《多桅的帆船》《黄伞》《秦可卿之死》《难为情》《七舅舅》《缺货》《兔儿爷》《洗手》《一窗灯火》《永恒的微笑》；

王朔小说：《空中小姐》《永失我爱》《一半是火焰，一半是海水》《浮出海面》《过把瘾就死》《动物凶猛》；

铁凝小说：《小黄米的故事》《门外观球》；

池莉小说：《让梦穿越你的心》《来来往往》《你是一条河》《一丈之内》《你以为你是谁》《太阳出世》；

余华小说：《十八岁出门远行》《西北风呼啸的中午》《死亡叙述》《爱情故事》《往事与刑罚》《鲜血梅花》《两个人的历史》《命中注定》《祖先》《河边的错误》；

苏童小说：《我的帝王生涯》。

（2）新闻语体（约 100 万字）

1995 年 1 月 1 日—1 月 15 日《人民日报》。

（3）科技语体（约 100 万字）

方富熹、方格：《儿童的心理世界——论儿童的心理发展与教育》；

马忠普等：《企业环境管理》；

曾鹏飞：《技术贸易实务》；

阴法鲁、许树安《中国古代文化史（三）》；

《中国国家地理》（节选）。

（4）法律语体（约 100 万字）

《中华人民共和国宪法》；

《中华人民共和国海商法》；

《中华人民共和国刑法》；

《中华人民共和国民法通则》；

《中华人民共和国担保法》；

《中华人民共和国著作权法》；

《中华人民共和国商标法》；

《中华人民共和国婚姻法》；

《中华人民共和国继承法》；

《中华人民共和国消费者权益保护法》。

（5）口头语体（约 200 万字）

《编辑部的故事》；

北京口语语料（来自北京语言大学北京口语语料库）。

2. 古代汉语语料（约 150 万字）

每个时期选取约 30 万字的语料。

两汉时期：《汉书》1～9 卷、《伤寒杂病论》、《道行般若经》、《史记》31～51 卷；

魏晋南北朝时期：《齐民要术》《世说新语》《搜神记》；

唐五代时期：《敦煌变文集新书》4～6 卷、《王梵志诗》、《游仙窟》、《祖堂集》2～1 卷；

宋代：《五灯会元》3～5 卷、《张协状元》、《朱子语类》102～112 卷、《近代汉语语法资料汇编》宋代卷节选——《崔待诏生死冤家》《杨温拦路虎传》《宋四公大闹禁魂张》《万秀娘仇报山亭儿》《一窟鬼癞道人除怪》《简帖和尚》；

元明清：《朴通事》《老乞大》、《水浒传》5～15 回、《醒世恒言》1～10 卷、《儿女英雄传》11～17 回。

为了保证最后得到的语料数据之间的可比性，我们将每个时期的文本的大小都控制在 30 万字左右。将各个时期考察的文本加在一起，我们定量考察的历时语料达到 150 万字左右。

（二）开放的语料库

除自建语料库外，本书例句还来自以下一些开放的电子语料库：

（1）北京大学 CCL 语料库；

（2）国学宝典语料库；

（3）朱冠明语料库。

本书所引例句都来自自建语料库及以上几个开放的语料库，为节省篇幅，现代汉语例句后面都不标明出处。

二、本书的符号说明及其他说明

NP：名词或名词性短语；

AP：形容词或形容词性短语；

VP：动词或动词性短语；

"里面/里边/里头"指："里面""里边""里头"，也包括其儿化形式"里面儿""里边儿""里头儿"；

"里"类方位词：指"里""里面/里边/里头"；

方$_{里}$：指"里"类方位词。

第二章

"里"类方位词的参照系统

方位参照（Location reference）是指观察者选择观察点，利用参考点、方位词来确定一个空间方位辖域。方位参照包含以下几个要素：观察点、参考点、目的物、方位词和方位辖域。对"里"类方位词来说，方位辖域的确定会受到参照的类型，参照物的选择，参考点和目的物之间的空间关系等几个因素的影响。

第一节　方位参照类别：
容器参照、界线参照、进（出）口参照

所谓方位参照，可以理解为确定方位或指示方位的标准。不同的方位词，其方位参照也不尽相同，如"东南西北"是以太阳为方位参照，"前后左右"是以人体为方位参照，那么，"里"类方位词又是以什么为方位参照呢？经考察，"里"类方位词的方位参照包括以下三类。

一、以容器为参照

以容器为参照是指在容器范围内为"里"，不在容器范围内为"外"。

如"杯子里""教室里",是指"杯子""教室"这个容器空间内。"里"的典型参照是容器参照,"里面/里边/里头"也常以容器为参照。

当"里"类方位词以容器为方位参照时,其在语境中的参照物按其形状特点可以分为立体参照物、域面参照物、抽象参照物。

(一)立体参照物

1. 参照物为封闭的立体空间

参照物是具有较为封闭的内部空间的实体。如:有明显的三维空间的建筑物,如"房间""大楼""饭店"等;有内部空间的容器或人的认知将其视为容器的事物,如"车""船""杯子""口袋"等;一些身体器官,如"嘴""肚子"等,也可以看成有内部容纳空间的三维实体;还有一些平面物体,如"报纸""被子""手",虽然形状上是平面的,但也可以卷起来临时形成一个立体空间。

(1) 司机说:"我只是问问,因为从你们那幢楼里出来的人很多都是在这里停的。"

(2) 我把药片含在嘴里,往杯里倒水。

(3) 这汽车是他自己的,苹果也是他的。我还听到了他口袋里面钱儿叮当响。我问他:"你到什么地方去?"

(4) 后来,我们洗完了,鱼贯而出穿过外间浴室去更衣房。她站在黑洞洞的浴室里边的一个正喷着水的龙头下喊:"谁过来,我就喊抓流氓。"

(5) 除了老婆和交警,谁管得了?这话又叫心里头"扑扑"跳的肖济东平静了许多。跟着又围上几个护士。

（6）因此她就把它摘下来，包在一张报纸里。她把它带回家来，和一些其他没有叶儿的玫瑰花放在一起。

上面例句中，"里"类方位词前面的参照物"楼""浴室""嘴""口袋"都是有封闭的内部空间的实体，例（6）的"报纸"本是平面的，但当报纸用于包裹东西时，就临时形成了一个封闭的立体空间。

2. 参照物为准封闭的立体空间

（7）这回，有机会看到它，并且进到原始森林里边去，脚落在千年万年积累的几尺厚的松针上，手摸到那些古木。

（8）地下的雨水管和污水管是分装的，雨水排放到河里，污水流进污水处理厂。

"森林""河"等都不是严格封闭的空间，但由于人类经常在其内部活动，所以在人们的认知里，它们也具有了类似容器的立体特征。

（二）域面参照物

先看下面的例句：

（9）他慢慢儿慢慢儿的啊，就在这院儿里头啊，他没事儿闲了时候儿啦，休息什么时候儿，就挖点儿那个，院里头挖个大坑。

（10）眼看着，台下战士们的军装湿透了，眼看着，穿着崭新节日盛装的牧民们的衣服湿透了，但是，任它风吹雨淋，广场里的观众一动不动！

（11）和平：就在咱家边上这公园里头，说不为钓鱼，就为休息休息。

（12）如今三室一厅，宽敞豁亮，过冬有暖气，做饭是管道天然气，孙子现在上幼儿园，就在小区里边。

（13）儿子：对，你在那家里边100多平米里边，你过了那么多年都是那种生活，你真是叫到客厅里过来咱聊聊，你觉得你一进屋完了你就特别压抑，你这气氛你就不知道怎么定这气氛。

"院子""广场""公园""小区""100多平米"等，它们在空间上占有的主要是二维的平面辖域（四周一般有明显的边界，或能感知出边界）。因此，域面参照物实际上就是各种各样大大小小的平面辖域。大的如"省""市"，小的如"广场""院子"等。虽然域面参照物不是典型的容器空间，但在人们的认知里，由于二维平面的可容纳性，也把其与容器等同了。

（三）抽象参照物

"里"类方位词的位置参照点是抽象事物时，也是以容器为参照。如：

（14）有好几样东西在我的思想里忽然合拢了，使我立刻知道什么品质能使人有所成就。

（15）济南人对泉的感情是深厚而不可分割的，泉已经成为济南人生活里不可或缺的部分。

在这里，"生活""思想"本是抽象的事物，加上"里"后就被隐喻为容器了。

二、以界线为参照

以界线为参照是指以参照物为界，在界线（包括界面）一侧背对出口的空间为"里"，面朝出口的一侧空间为"外"。

当"里"类方位词以界线为参照时，其参照物按其形状特点可以分为以下两类。

（一）平面参照物

平面参照物是指具有分界作用的平面状（或曲面状）物体。这类参照物数量有限，一般是门、窗、篱笆、围墙、门帘之类的事物。

请看例句：

(16) 德强全副武装，从大门里牵出两匹战马。

(17) 医院里走得空无一人。我常伏在窗前，久久地遥望河对岸林立的家属楼。看见层层亮着灯火的窗户，想象每一扇窗户里面，人们全家围坐一起聚餐，充满了安逸与欢乐。

(18) 一张屏风隔在两张单人木板床之间，里头那张阿曾睡，儿子从外地回来睡外边那张。

(19) 孙生旺知道队伍来了，忙走到外壕边上，向围墙里边喊道："太君的放桥，苦力的送水来了！"

(20) "怎么样，参观参观吧，提提意见。"那口气活像他站在柜台里面做生意。

上面例句中的参照物"大门""窗户""屏风""围墙""柜台"等，

都具有划界的作用，以参照物为界，划分出"里""外"两个空间，这从例（18）中的动词"隔"可以看出来。这些参照物都是竖立形的平面或曲面状物体。"大门""窗户""屏风"等都是竖立的平面。"围墙""柜台"等虽然有一定厚度，但在这里作为参考点时其厚度被忽略了，凸显的是其平面或曲面特征。刘宁生（1994）指出，在把物体的几何性质转变为语言表达的过程中，物体的某一部分特征被强化、突出了，被看成整个物体的特征，而另一部分及其特征被淡化甚至被舍弃了。

平面参照物与域面参照物的区别在于，域面参照物一般是水平面的物体，平面参照物一般是垂直平面的物体。平面参照物在两个空间之间起分界作用，域面参照物一般没有分界作用。

当参照物是平面参照物时，可以用"里"，如例（16），但是用"里面/里边/里头"更多，如例（17）（18）（19）（20）。

（二）线性参照物

线性参照物是指具有划界作用的线状物体，如"线""路"等。例如：

（21）聋哑人听不见机车鸣笛，马目又返回用哑语招呼他们："请站到白线里面。"

（22）我在和平里，就是三环路里边。

上面例句中的"白线""三环路"，都是线状的物体，在句子中都具有划界的作用。例（21）一条"白线"划分出"里""外"两个区域，例（22）的"三环路"虽然具有宽度，但在这里作为方位参考点时，由于起到划界作用，其宽度被忽略了，凸显的是其线性的特点。

　　王艾录（2008）指出，线性参照指几何图形呈线性或条形的物体，常见的有江、河、墙、路、画线、篱笆、山脉等。我们认为，作为线性参照，还要满足一个条件，那就是，参照物要在目的物所处空间和另一个空间中起划界作用，也就是说，目的物不能在参照物的空间之内。如果目的物在参照物之内，即使是线状物体，也不能算线性参照物。比如，"河"是线性物体，可是当我们说"河里有鱼"时，"河"并不是线性参照，而是立体参照。

　　当参考点是线性参照物时，"里"类方位词的方位辖域是指参照物一侧的空间：向心的、封闭的一侧的空间，虽然参照物是线性的，但所指的方位辖域往往是参照物一侧的二维或三维空间。

　　当参考点是线性参照物时，方位词一般用双音节方位词，多用"里边"或"里面"，单音节方位词"里"一般不能用在线性参照物后。如上面的例（21）（22）若改用"里"，句子的可接受性就令人怀疑：

（21）聋哑人听不见机车鸣笛，马目又返回用哑语招呼他们："请站到白线<u>里</u>。"

（22）我在和平<u>里</u>，就是三环路<u>里</u>。

　　可见，当以界线为参照时，方位词更倾向于用"里面/里边/里头"。

三、以进（出）口为参照

　　以进（出）口为参照是指在一个空间范围内，离进（出）口（或外沿）远的空间为"里"，离进出口（或外沿）近的空间为"外"。

先看《现代汉语八百词》举出的一个例子：

(23) 一进大院门就是我家，稍微<u>里</u>边一点儿是老张家，最<u>里</u>边是老陈家。

《现代汉语八百词》的说明是：（里边）前面可以加"最、更、稍微"等程度副词，比较位置的远近。那么位置的远近是以什么为参照呢？就是以进（出）口（即大院门）为参照。与"我家"相比，"张家"离进（出）口远一点，所以是"稍微里边一点儿"，"陈家"离进（出）口最远，所以是"最里边"。

有时候，参照物没有专门的进（出）口，这时，参照物的外沿可以看成是其进（出）口，这时离外沿远的就是"里"，如：

(24) 她的耳朵很纤巧，耳轮分明，外圈和<u>里</u>圈配合得很匀称，像是刻刀雕出的艺术品。

这里的"里圈"的"里"是指离耳朵外沿远的部位。再看几个例句：

(25) 炕<u>里</u>边躺着一个头发斑白的老头；中间是一个十岁左右很枯瘦的男孩子；一个十五六岁的女孩子披衣坐在炕上。

(26) 看管的人在院子里溜达着。……刘金福跟另一个看管我的青年谢永祥说："新凤霞的孩子送被子。"说着用手指指传达室，就向院<u>里</u>边去了。

（27）小奇问："不知道有几个人住这儿?"老郝道："连升平一共三

个。这间是升平和电机系老陈的卧室兼客厅，<u>里面</u>还有一间卧

室，是刘小姐刘凤歧住。"介绍完毕又摇着头，"不错喽，不

错喽!"

（28）三楼赌场赌兴正酣，烟雾腾腾、狂笑怪叫不绝于耳。外围是赌

牌九押宝的，<u>里边</u>有几桌麻将鏖战犹酣，张张桌上堆着钞票、

银元、金条乃至首饰、手表、挂表等贵重抵押品。

例（25）的表述很清楚，炕"里边"是一个老人，炕"中间"是一

个男孩子，最外边的是一个女孩子。"炕里边"就是指炕上离进（出）口

（即炕外沿）远的那一部分区域。

例（26）的"院里边"不等于"院子里"。"看管的人在院子里溜达

着"，说明人已经在院子里了，这时说"向院里边去"，是说向院子深处走

去。这里的"院里边"是指院子里远离大门口的那一部分区域。

例（27）"里面"是指与"这间"相比，离出口更远的房间。

例（28）"里边"是指"赌场"内指离外围远的空间。

当"里"类方位词以进（出）口为方位参照时，方位词一般用"里面/

里边/里头"，单音节方位词"里"只限于充当介词宾语，或者定语，如：

（29）别看学校大门小，可越往<u>里</u>走越大，一个院套一个院，一幢楼

接一幢楼。

（30）哼，少提你（伸手掏抽屉的<u>里侧</u>）嗯……哎，志国你过来帮

帮我。

当"里"类方位词以进（出）口为方位参照时，在句法形式上有以下三个特点：

第一，参照物一般不出现。如例（27）（28），参照物都没有出现在"里"类方位词前面，因为在这类参照中，当参考点与观察点重合时，根本补不出明确的参照物。当参照物出现时，一般是"炕""院子"一类的域面参照物，如例（25）（26）。

第二，句子中常常有一个或多个空间成分与"里"类方位词或方位短语形成对比。如例（25）炕"里边"与"中间"对比，例（27）"里面"与"这间"对比，例（28）赌场"里边"与"外围"对比。对举的空间也可以是隐含的，如例（26）"向院里边去了"就隐含了与"里边"对举的空间起点。

第三，当方位词为"里面/里边/里头"时，前面可以受"最""稍微""更"等程度副词的修饰。如例（23）。

四、三类方位参照之间的联系

容器参照、界线参照、进（出）口参照，实际上这三类参照是有密切联系的。

"里"的本义是衣服的里层，与"表"（衣服朝外的一面）相对的另一面，因此，"里"类方位词的原始参照应该是界线参照，即与暴露在外的一面相对的另一面是"里"。可很多情况下，与暴露在外的一面相对的不一定是另一个平面，而是一个封闭或半封闭的三维空间，类似容器，这样"里"也可以延伸到指整个三维空间，这时"里"是以容器为参照。而一个容器，一般都有进（出）口，当对整个容器的关注放松，关注的焦点集中于进（出）口时，"里"则变成了以进（出）口为参照。

第二节　目的物与参照物的空间关系：
容入性关系、离析性关系、接触性关系

储泽祥（1997）总结了目的物和参照物的三种位置关系：接触性关系、容入性关系、离析性关系。齐沪扬（1998）认为，在"里"型空间范围里，动作发出者所占据的空间位置，都与参考位置重合，也就是说，目的物和参照物都是容入性关系。廖秋忠（1989）也认为，"里""中"和它们的同义词只能表示包含关系。确实，在"里"类空间范围里，容入性关系是最主要的关系。但仔细考察，我们发现，除了容入性关系外，"里"类方位词的参照物与目的物之间还可以是离析性关系和接触性关系。

一、容入性关系

容入性关系是指目的物处于参照物的内部，参照物对目的物起到包容作用。这在"里"和"里面/里边/里头"的使用中都是很常见的，如：

（31）我们进了候机厅又退了出来，在院子里站着或者坐在行李上。

（32）其间夹杂着尖锐的撞击声，我猜那是因为我的提包里面有一把藏刀。

（33）刘板眼丢掉半截报夹，顺手又抄起一盆紫砂花盆，里头养的是仙客来，花朵开得正娇艳。

例（31）中的目的物"我们"处在参照物"院子"的内部，例（32）目的物"藏刀"处在参照物"提包"的内部，例（33）目的物"仙客来"也是处在参照物"紫砂花盆"的内部。

当"里"类方位词以容器为参照时，目的物和参照物的关系都是容入性关系。

二、离析性关系

离析性关系是指目的物不在参照物的空间范围内，而是处于参照物以外的某个空间。在"里"类空间范围里，离析性关系是指目的物处在参照物一侧的空间里。参照物不仅起到指示方位的作用，而且还起到划界的作用。参照物一侧目的物所处的空间为"里"，另一侧的空间则为"外"。

请看下面的例句。

（34）连柜台里的售货员也笑嘻嘻地说："小两口不过了？"

（35）初露的晨曦也跟随它一同进入室内。她站在门里边，披了件毛巾布的长袍。太阳正在升起，但是多芬街还是黑漆漆的。

（36）我用手死死扣住界线边上，硬是把自己停在了界线里面，腰也扭伤了，就差1厘米。

例（34）目的物"售货员"在参照物"柜台"一侧的空间内，"柜台"在这里起到指示和划界的作用，把"售货员"所处的柜台一侧的空间划分为"里"，柜台另一侧的空间为"外"。

例（35）目的物"她"不处于参照物"门"所在的空间范围内。参照物"门"隔开了"里""外"两个空间。

例（36）更清楚，目的物"我"与参照物"界线"的距离是"1 厘米"，参照物为"界线"，这一名称清楚地表明了参照物在此处所起的划界作用。

当参照物和目的物是离析性关系时，可以用"里"，如例（34），但更多的是用"里面/里边/里头"，如例（35）（36）用的是"里边""里面"，其中例（36）的"里面"就不宜换成"里"。

参照类型为界线参照时，参照物和目的物的关系一般是离析性关系。

三、接触性关系

接触性关系是指目的物附着在参照物的内表面，或者接触参照物的内表面。参照物一般是平面状物体，如"玻璃""箱盖""衣服"等。

请看例句：

（37）譬如说，我们家里有一只旧式的朱漆皮箱，在箱盖<u>里面</u>我发现这样的几行字，印成方块形。

（38）光擦一面的玻璃等于没擦。我不敢去擦<u>里面</u>，不知这间门窗紧闭的小屋里躺着怎样可怕的怪物。

（39）那一年的冬天比今年冷，玻璃上结了厚厚的冰花，是从<u>里面</u>结的，外面蒙着黄沙。

（40）此习之起，是因为他的下唇的<u>里面</u>破了一块皮，破处结疤，他即揪着嘴唇，将此疤于牙齿上面揉破之，等到再结为疤，再揉破之。

(41) 虎爷有主意，他先去租三间房，然后再讲别的。叫月牙太太把
钱票给他缝在小褂的<u>里面</u>，他出去找房。

例（37）"几行字"是附着在"箱盖"的内表面，例（38）的动词
"擦"说明"我"和"里面"的关系是接触关系，例（39）"冰花"也是
附着在"玻璃"的内表面，例（40）"皮"是附着在"下唇"的内表面，
例（41）"钱票"也是附着在"小褂"的内表面。

当参照物和目的物是接触性关系时，方位词一般用"里面"，不用
"里"。上面例（37）～（41）都是用的"里面"，不宜用"里"。

第三节 方位辖域：内指整体区域、内指部分区域，外指区域

根据参照物和方位词所指区域的空间关系，"里"类方位词的方位辖
域可以分为内指区域和外指区域两大类，内指区域又可再分为内指整体区
域和内指部分区域两种情况。

一、内指区域

方位词所指区域在参照物之内，方位辖域是参照物内的全部或部分
空间。

（一）内指整体区域

内指整体区域是指方位词所指区域与参照物的内部空间重合，方位辖

域是指参照物的整个空间。这在"里"的使用中是最常见的。如：

（42）裴菊吟的婆婆正在厨房里准备煎鱼。

（43）吴为山以此为范本，制作了三尊塑像，一尊放置清华大学，一尊置放南京博物院，还有一尊就置放在南京大学图书馆里。

例（42）"厨房里"所指区域就是参照物"厨房"所拥有的内部空间。在厨房内的任何一处都可以说是"厨房里"，"厨房里"和"厨房"所包括的空间区域是一样的。

例（43）"南京大学图书馆里"所指区域和参照物"南京大学图书馆"的内部空间也是重合的。

当"里"类方位词所指区域是内指整体区域，参照物为处所词时，方位词有可能隐去。如上面两例去掉方位词"里"，句子同样成立，意思也基本相同。此时方位词之所以有可能隐去，其语义基础就是"X＋里"和"X"所指的空间方位是重合的。当然，在实际运用中，由于目的物大小、形状或性质不同，并不能占据全部区域，如例（43）的"塑像"，并不能占据整个"图书馆"，但这并不意味着"图书馆里"不表示图书馆的整体区域。

（二）内指部分区域

内指部分区域是指方位词所指区域处于参照物内，是参照物本身的一部分。内指部分区域与内指整体区域的不同在于，前者只是参照物内部空间的一部分，而后者包括参照物内部空间的全部。

当方位辖域是内指部分区域时，方位词多用"里面/里边/里头"。

请看例句：

（44）因为柿子<u>里边</u>全熟透了，再拿开水一浇啊，外边是不涩啦，可里边全馊啦！

（45）茶馆在老街拐角处，是江南常见的那种制式。门面不大，一律是门板里又镶雕花格扇。糊着的窗纱虽然显得旧了，还能看出原来是光艳的松花色。里外两进，外厅是条凳与八仙桌。一般坐这里吃茶的，都自带茶具，馆里只管续开水。<u>里头</u>那间布置得讲究些，是唱评弹的。

（46）我上前一步说："请委员长起来走吧。晚间外面无人，方便些。"一听这话，蒋介石立刻连忙翻滚着身子靠到床<u>里边</u>去了。他使劲用手扯着被子连声说："我不去！我死也死在……"

例（44）"柿子里边"是参照物"柿子"的一部分，是与柿子"外边"相对的那部分。

例（45）"里头那间"是参照物"茶馆"的一部分，与"外厅"相比离茶馆的大门更远的房间。

例（46）"床里边"只是参照物"床"的一部分。此时蒋介石已在床上，他靠到"床里边"自然是指靠着床上远离出口的那一部分区域。

当"里"类方位词以进（出）口为参照时，其方位辖域是内指部分区域。

二、外指区域

外指区域是指方位词所指区域在参照物之外。如：

（47）栏杆<u>里面</u>是五分之四的地方，平行地排着两排办公桌。

（48）一名强盗来到美国俄勒冈州波特兰大市的一家银行，写了个条子交给柜台<u>里边</u>的出纳员。

"栏杆里面"所指方位辖域在参照物"栏杆"之外，"柜台里边"所指辖域也不包括"柜台"。

"里"类方位词以界线为参照时，方位词所指区域就是外指区域。当方位辖域是外指区域时，方位词有时候可以用"里"，但一般多用"里面/里边/里头"。

第四节　方位参照的性质：绝对参照、相对参照

一、绝对参照

选定参照物后，方位辖域的确定不受参照物朝向和观察点的位置取向的影响，这时方位词所表达的就是绝对的方位观念，其方位参照就是绝对参照。当"里"类方位词以容器为参照时，方位辖域都是确定的，都是绝对参照。

请看下面的例句：

（49）姑娘们欢舞，小伙子们套马、驯马。每座蒙古包<u>里</u>都准备了美

酒和手扒肉，等候客人们挨家去吃。

（50）建梅猛抬头发现他回来了，亲热地叫了一声哥哥，便把他引到
学校<u>里面</u>。

（51）哼，很明显：井<u>里头</u>是有八路军的秘密，也许那<u>里头</u>就有洞口，
我要是说出来……

上面例句中的参照物分别是"蒙古包""学校""井"，不管这些参照物的朝向如何，也不管观察点的位置如何变化，"蒙古包里""学校里面""井里头"的方位辖域都是恒定不变的。

当参考点是立体参照物或域面参照物时，"里"类方位词表达的都是绝对的方位观念。

二、相对参照

有时候，"里"类方位词方位辖域的确定会受到参照物的朝向或者观察点的位置的影响，这时方位词所表达的就是相对的方位观念，其方位参照就是相对参照。

当"里"类方位词以界线为参照时或者以进（出）口为参照时，方位辖域的确定往往会受到参照物朝向及观察点的选择的影响，这时，方位参照就是相对参照。

以界线为参照时：

（52）他们步履艰难，深一脚、浅一脚地往前走。间或有一家，窗帘
<u>里面</u>还有亮光。只听见里面围席而坐的人，在哈哈地笑着。

（53）织花窗帘<u>里</u>再挂一层白蕾丝纱幕；梳妆台上满是挖花的小托子
不算，还系着一条绉褶粉红裙。

例（52）观察点在室外，"窗帘里面"指的是窗帘背对窗外的一侧空
间，而例（53），观察点在室内，"窗帘里"指的是窗帘面朝窗外的一侧空
间。在这里，观察点的不同和参照物的朝向同时影响了方位辖域的确定。

以进（出）口为参照时：

我们还是以《现代汉语八百词》的这个例句来看：

（54）一进大院门就是我家，稍微<u>里边</u>一点儿是老张家，最<u>里边</u>是老
陈家。

首先，"里边"方位的确定要受参照物朝向也就是院门朝向的影响。
如果院门朝南开，那么院子里背朝南面的方向为"里"，如果院门朝北开，
那么院子里背朝北面的方向为"里"。其次，要受观察点的选择的影响。
当观察点在"我家"时，里边的辖域包括"老张家"和"老陈家"，当观
察点在"老张家"时，里边的辖域则不包括"老张家"，只有"老陈
家"了。

第五节　本章小结

本章分析了"里"类方位词的参照系统。"里"类方位词的方位参照

有三类：容器参照、界线参照、进（出）口参照。容器参照是"里"的典型参照，其参照物多为立体参照物和域面参照物，抽象类参照物也有不少。"里面/里边/里头"的典型参照是界线参照，其参照物可以分为域面参照物和线性参照物两类，线性参照物后面一般用方位词"里边"或"里面"。进（出）口参照一般用"里面/里边/里头"，用"里"限于作介词宾语或定语。

从"里"类方位词参照物和目的物的关系来看，可以分为容入性关系、离析性关系、接触性关系，容入性关系多用"里"，也可以用"里面/里边/里头"，离析性关系可以用"里"，但用"里面/里边/里头"更多，接触性关系一般用"里面"。

从方位辖域和参照物的空间关系看，"里"类方位词的方位辖域可以分为内指整体区域、内指部分区域、外指区域。"里"所指区域最常见的是内指整体区域，内指部分区域一般用"里面/里边/里头"，当用"里"时，方位词只能采用前加的形式。外指区域可以用"里"，但用"里面/里边/里头"更多。

此外，从"里"类方位词参照的性质来看，还可以分为绝对参照和相对参照。容器参照都是绝对参照，界线参照和进（出）口参照多为相对参照。

第三章

"里"与"里面/里边/里头"的纠结与分工

在这一章，我们将考察单音节方位词"里"与双音节方位词"里面/里边/里头"在共时平面的纠结与分工。"里"和"里面/里边/里头"在句法、语义、语用等方面存在哪些异同？这是本章考察的主要内容。

第一节　单独充当句法成分时

"里面/里边/里头"可以比较自由地充当主语、宾语、介词宾语、"V介"后宾语、定语、状语、中心语等句法成分，最常用的是作主语、宾语、介词宾语、"V介"后宾语，而"里"单用时要受到很多限制，只有在一定条件下才可以充当介词宾语、主语、宾语、定语等句法成分，一般不能作状语、"V介"后宾语和中心语。

一、作主语

（一）"里"作主语

"里"作主语时的数量极其有限，而且要受到两个方面的限制。

一是形式受限。只限于"里""外"对举或连用的情况，而且多形成固定短语或俗语，如：

(1) 毛主席在上海参观工厂，工人们自动停工来欢迎毛主席，里三层外三层，把毛主席包围在中间，不停地握手、欢呼，说话都听不见，更无法参观……

(2) 现在咱们谈话的这个屋子，这本身属于危房，这个墙啊，都是外挺里撅的，都是这么个样子。

(3) 迎合了领导旨意，却把群众上访的矛头引向自身，到头来里外不是人，教训啊！

(4) 里里外外都是我撑着，我他妈算什么人？

"里三层外三层""外挺里撅""里外不是人""里里外外"，都已经成了固定用法。"里"都与"外"对举或连用。

二是表意受限。"里"作主语时一般表实体空间，不表抽象范围。上面例句中的"里"都是表实体空间。

（二）"里面/里边/里头"作主语

"里面/里边/里头"作主语时，与"里"相比，有两个特点。

一是形式上自由。"里面/里边/里头"充当主语时，比较自由，不需要对举或连用，可以单独出现，如：

(5) 服务员顺从地拎起一串钥匙领着我们走向长廊尽头的一间客房。"里边有客人。"服务员看到门上挂的"请勿打扰"的小牌，回头对我说。

（6）于是想到家里安全，就想回家，可在黑洞洞的走廊总也找不着自己的家，推开一扇门不是，推开一扇门不是，<u>里面</u>全是正在密谋的武装匪徒。

二是表意范围更广。"里面/里边/里头"作主语多表实体空间，有时也可以表示抽象范围。

（7）星子迅速恢复常态，开门出去。门虚掩着，那女孩笑嘻嘻地说："星子，<u>里面</u>是谁？你的男朋友？"

（8）可是从西班牙那边传来的关于哥伦布所发现的那些岛屿的消息，<u>里面</u>讲到有红皮肤的土人，有吃蚂蚁的狗，还有长得像做橄榄树一般高的带刺的棍形植物，那可是从没听说印度有过的啊！

例（7）是"里面"是表实体空间，例（8）"里面"是表抽象范围。

二、作宾语

（一）"里"作宾语

"里"作宾语时也只能用在"里""外"对举的固定短语中，这类短语数量极少，如："吃里扒外""忙里忙外"。

（二）"里面/里边/里头"作宾语

"里面/里边/里头"作宾语，主要是放在表示存在或趋向的动词或动词性短语后面，如"在""去""上""到""V 进"等：

(9) 中午,我在陶然亭西餐厅碰到一个要办服装表演队的朋友请舞蹈学院的几个人吃饭,小杨在<u>里面</u>。

(10) 老人开始咳嗽,咳了十来声后他说:"不行啊,当初我们五个人进去时也这么说,到了<u>里面</u>就由不得你了。"

(11) 说半天,说半天好像这人呢,嗯,最后跟那儿磨了半天。最后我上<u>里面</u>去,交款去。

(12) 湖中心最深的地方达250米,如果掉进<u>里面</u>,恐怕连尸体都找不到。

例(9)~(11)"里面"分别作动词"在""到""上"的宾语,例(12)"里面"作动词短语"掉进"的宾语。

三、作介词宾语

(一)组配受限与自由

"里"作介词宾语受到限制,一般只能作"向""朝""往""冲"的宾语,不能作"在""从"的宾语,"里面/里边/里头"则没有这个限制。

介词为"往""向""朝""冲"时,可以用"里面/里边/里头",也可以用"里"。请看例句:

(13) 穗珠情不自禁地扑向两台大雪柜,隔着玻璃诧异地向<u>里面</u>观望,惊问道:"这是什么嘛?!"

(14) 要是敌人往<u>里头</u>一放毒瓦斯,<u>里边</u>的人就要全被毒死,这是多么可怕的事情。

（15）何建国忙道："我去叫！"噔噔噔跑到自己屋门口，推开门，冲<u>里头</u>嚷："小西，碗怎么还没刷？"

（16）护士手拿扩音喇叭分诊，刚刚叫了几个号，叫到号和没叫到号的就往<u>里</u>挤，人流拥进狭窄的通道，争先恐后把病历塞进候诊桌。

（17）以前考察人员进去，是组织庞大的队伍一点一点向<u>里</u>延伸。

上面例句中的"里"和"里面/里边/里头"都是作介词"向""往""冲"的宾语，"里"和"里面/里边/里头"可以互相替换，意义基本不变。

介词为"在""从"时，一般不能用"里"，只能用"里面/里边/里头"。如：

（18）我风风火火地赶到湛江机场，在安检门前，刚好碰到从<u>里面</u>出来的两位工作人员，其中一位先生手里提的正是我丢失的箱子。

（19）她现在是还没有接通电话呢，刚把这个厂房，都建筑完了，正在<u>里头</u>那个安装机器什么的。

（20）可是梅先生却稳稳地站在<u>里边</u>，劝他不要着急。

上面例句中的"里面/里边/里头"作介词"在""从"的宾语，"里面/里边/里头"都不能换成"里"。

"里"作"从"的宾语时只能用在"从里往外"的固定格式中，如：

(21) 尽管遇难者亲属要求尽快进洞挖土救人，但是根据常识，隧道塌方，只能从外往里，而不能从里往外解决，否则二次灾害很可能进一步危及受灾者和救灾人员的安全。

（二）表方向与表位置

"里"作介词宾语时只能表方向，不能表位置。"里面/里边/里头"作介词宾语时既可以表示方向，又可以表示位置。这也是"里"只能作"向""朝""往"的宾语而不能作"在""从"宾语的深层原因。

"在""从"后面的宾语是表示处所位置的，所以后面只能用"里面/里边/里头"。"向""朝""往"后面的宾语可以是方向，也可以是位置，所以后面可以用"里"，也可以用"里面/里边/里头"。

四、作"V介"宾语

"里面/里边/里头"可以做"V介"的宾语，但"里"不行。

"里面/里边/里头"放在"V+在/到"等结构后面作宾语，表示动作到达或终止的处所，如：

(22) 换上衣的时候，我简直就用被子搭了一个小帐篷，钻在里面忙活儿。

(23) 开了以后，你把这小丸子放到里头，那个就余丸子了。

五、作定语

方位词"里"和"里面/里边/里头"都可以作定语。但它们作定语时是有差异的："里"作定语时要受到很大的条件限制，而"里面/里边/里头"作定语时比较自由，主要表现在组配对象、定语性质和表意功能上。

（一）组配对象：有限和广泛

能与"里"组配的名词数量有限，"里"后面的名词限于单音节语素或词，如"里层""里圈""里侧"等。

而能与"里面/里边/里头"组配的名词数量非常多，只要意思上讲得通，一般都可以与"里面/里边/里头"组配。后面的成分不限于单音节，后面既可以是单音节名词，也可以是双音节或多音节名词或名词短语，如：

（24）我看见比尔了！我的心又凉了半截。他这时跑20名，而且被困在<u>里</u>圈。我心想："现在再不跑到外圈，待会儿就来不及了。"

（25）和平：哼，少提你（伸手掏抽屉的<u>里</u>侧）嗯……哎，志国你过来过来帮帮我。

（26）他看着她走到挂号处的窗前，她从口袋里掏出钱来时没有显出一丝紧张。他听到她告诉<u>里面</u>的人她叫什么名字。

（27）那个男大夫站起来把潘佑军的女朋友引到<u>里边</u>诊床上去。

（28）一些景区和建筑外观依然是传统、历史的，<u>里边</u>设施可以是全部现代化的。

(29) 那么早就经过东方思维、思想和哲学的熏陶,回到美国后我很喜欢看电视剧里的"功夫"(KongFu)。<u>里面</u>的主人公在任何情况下总有办法,我很喜欢。

(30) 这是一个有两间屋的办公室。外间小厅是待接见的人休息的地方,<u>里边</u>那间大屋才是荣毅仁阅文批卷的所在。

(31) 洞里灯烛闪烁,照着<u>里面</u>的一男一女,在嘻嘻哈哈地逗乐耍笑。

例(24)(25)与"里"组配的是单音节的"圈""侧"。例(26) ~(28)"里面/里边/里头"修饰的既有单音节名词,又有双音节和多音节的名词或名词短语:例(26)"里面"修饰的是单音节名词"人",例(27) ~(29)"里面/里边/里头"修饰的"诊床""设施""主人公"是双音节和三音节词,例(30)(31)"里面/里边/里头"修饰的"那间大屋""一男一女"是多音节短语。

(二)定语性质:粘合定语和组合定语

"里"作定语时是粘合定语,定语要紧贴中心语,不能被别的成分隔开,和所修饰的名词之间不能出现定语标记"的"。如可以说"里圈""里侧",但不能说"里的圈""里的侧"。由于充当贴身定语,"里+名"内部结合紧密,不少已凝固成词或有词化的倾向,如"里间""里屋"在《现代汉语词典》中都已收录为词,"里圈""里侧"等也有词化的倾向。

"里面/里边/里头"作定语时是组合定语,和所修饰的中心语之间内部结合比较松散。"里面/里边/里头"作定语有时可以紧贴中心语,如上面例(27)(28)(30)中"里边诊床""里边设施""里边那间大屋"。不过"里面/里边/里头"作定语通常都不紧贴中心语,中间常常插入定语标记"的",如例（26）（29）（31）"里边的人""里边的主人公""里边的一男一女"。

（三）表意功能：表实体空间和表非实体空间

"里"作定语时只能表实体空间，不能表抽象范围，其参照只能以进（出）口为参照。如"里圈""里侧"的"里"都是以进（出）口为参照，表示实体空间。

"里"作定语时往往有区别的意味，"里 N"带有一定的命名性，一般是与"外 N"相对而言的，如"里圈"与"外圈"相对而言，"里侧"与"外侧"相对而言。

"里面/里边/里头"作定语时不限于表实体空间，有时也还可以表示抽象范围，如例（29）"里面"是指电视剧里面，表示的是抽象的范围。其参照可以是进（出）口参照（如例 27、30），也可以是容器参照（如例31）、界线参照（如例26）。

从以上几点看，我们认为，"里"前置于名词性成分作定语更宜看作一个词内语素。文炼（1984）也曾提出，单音节方位词出现在词的前面时可以把它们看成构词成分。

六、作状语

"里面/里边/里头"可以直接作状语，"里"不行，如：

（32）来到闹市区，方站长在当街一幢漂亮的楼房前停了下来，把腰一躬，手势一打，恭恭敬敬地说："刘处长，<u>里边</u>请！"

（33）一个是交通的问题没解决；一个就是结构太单纯，就是买商品，你里面买的跟外面买的是一样的，而没有发展大量的休闲活动，文化活动。

"里边请""里面买"都是"里面/里边/里头"直接作状语，其中的"里面/里边/里头"都不能换成"里"。

七、作中心语

"里面/里边/里头"可以作状中短语和定中短语的中心语，但是"里"不行。

（一）作状中短语的中心语

"里面/里边/里头"可以放在"最""更""尽"等程度副词之后，作状中短语的中心语，但是"里"没有这种用法。

（34）打开通往走廊的门，就是警卫的休息室，打开更里面的一扇门，迎面的墙壁是一大片荧幕。

（35）蓦地，我的目光停在了房间最里面的一位老人身上，他看着我，慈祥地微笑着。

（36）哥儿仨来的时候坐一辆车，老年间没汽车、马车，坐那种一对菊花青骡子拉着的轿车，大爷坐在尽前边儿，二爷坐在大爷脊梁后头，三爷在尽里头。

受副词修饰的"里面/里边/里头"，其参照都是进（出）口参照，都表具体空间。"里"没有这种用法。

（二）作定中短语的中心语

"里面/里边/里头"还可以作定中短语的中心语，但"里"没有这种用法。

（37）中国有名的一些城市都是靠近山水，在山水之间。有的甚至于把山水都包括在这个城市的<u>里边</u>。

（38）刹那间我从那眼睛里看出了仇恨和恶意。然后是一种害怕的神情，它钻进到了绿叶的<u>里面</u>。

上面例句中的"里边""里面"都是作定中短语的中心语，"里"没有这样的用法。

第二节　与 X 组成方位短语时

作为方位词，一个重要的语法功能是后附在名词或其他词语后面组成方位短语，表示处所、范围、时间等。构成方位短语是方位词"里""里面/里边/里头"的一个极其重要的用法。"X＋里"与"X＋里面/里边/里头"形式相近，意义、用法上也有很多相同的地方。很多时候，同一个X，后面既可以用单音节方位词"里"，也可以用双音节方位词"里面/里边/里头"，"里"与"里面/里边/里头"可以互相替换，如：

（39）科学是来不得半点儿马虎的，否则要给国家财产、人民生命带来多大的损失啊，幸亏电视里及时说明了真相，要不然搅得人心不安、社会大乱，还搞什么经济建设啊？

(40) 你们刚才没看见吗？电视里头说了，根本就没有星星撞地球的事儿。

(41) 诶，不瞒您说，我家里的伙食搞得还真不错。

(42) 文化娱乐呢，我们家里边儿吧，我们都比较喜欢那个，嗯，就是乐器这方面的东西。

上面例句中的"电视里"和"电视里头"，"家里"和"家里边儿"可以互相替换而意义基本不变。

从充当 X 的语言单位的级别来看，X 可以分为语素、词和短语三级。方位词"里"与"里面/里边/里头"都可以与语素、词和短语组合，如：

(43) 走进孩子的宿舍，屋里干净整齐，过年气氛十分浓厚。

(44) 我提高嗓门说。进了家门给她打洗脸水，暖瓶里已没多少热水。

(45) 血好像是从鼻子嘴巴里面流出来的，原因不得而知。赵胜天跑啊跑啊，心里催促自己：快！

上面例子中的 X "屋""暖瓶""鼻子嘴巴"分别是语素、词和短语。其中的"里"和"里面/里边/里头"可以互相替换。

那么，"里"与"里面/里边/里头"与 X 组成方位短语有没有区别呢？如果有，又存在哪些区别呢？它们在组成方位短语时有哪些纠结与分工呢？

一、X 为代词

当 X 为代词时，只能用"里面/里边/里头"，不能用"里"（"里"与代词"这""那"组合的是词，不是方位短语，而且意思与"这里面""那里面"不同。"这里""那里"一般只表具体处所，而"这里面""那里面"除了表具体处所，还可以表示抽象的范围）。

（一）X 为指示代词

指示代词一般是"这""那"，有时候也可以是"这个""那个"。

（46）给您做了碗莲子粥……这里边还漂着豆呢。

（47）我们还得到许可钻进一个长满了油菜的菜园里去。啊，那里面是多么青翠啊！我想象不出还有什么东西比那更美！

（48）我们在这里，我们有水，还有太阳系的外缘行星，你像远的天王星、海王星、冥王星，因为它离太阳太远了，那个里头温度非常低。

（49）那都是啊你妈多年写下的日记，那里面肯定，有线索。

（50）我们合并之后的话呢，它有很多的好处啊，也有很多弊端，那么这里头大家应该怎么去算。

（51）我应该早就明白，她可以要求我做的事，我却不能要求她做。因为这里面有个差别，有个大不同的地方：她是有重要工作的。

（52）那么地方标准三星级跟国家的三星级标准又不是很一样的，不一样的。所以这个里面呢，也要搞明白了，作为游客来说，也是要搞清楚了，你这三星级是哪个宾馆。

(53) 有时候我专门去参加，作为他们的成员之一去参加他们的丧事
活动，那你就像当地居民一样参加，然后去听他们在这个里边，
在丧事活动里边，他们是怎么表达自己感情的。

"里面/里边/里头"与"这""那""这个""那个"组合，可以表示
具体空间，如例（46）～（48）；也可以表示抽象的范围，如例（49）～
（53）。"这""那""这个""那个"既可以指代具体的事物，也可以指代
事情、现象。

（二）X 为人称代词

"里面/里边/里头"可以与人称代词"你（们）""我（们）""他
（们）""她（们）""它（们）"等组合，"里"不行。

当人称代词为表群体的"你们""我们""他们"等代词时，"里面/
里边/里头"表示在集合范围内，如：

(54) 他们里边多数人都能弹会唱，把他们组织起来，教他们为新中
国唱歌。

(55) "不过，想必你们一定想到过什么——不管是你们里头的哪一
个，还是你们两个。要知道，今年你二十一岁，她已是二十三
岁了。"

(56) "她们里头有些人，还真的热火得够呛呢。可您也不见得就必须
跟她们里头随便哪个结婚。"

(57) 再说他来的时候，心里也不会想到以后自己要跟我们里头任何
一位平起平坐呗，要不然，那就太蠢了。

上面例句中的"他们里边""你们里头""她们里头""我们里头"都表示集合范围。

当人称代词为表个体的"你""我""它"等代词时，"里面/里边/里头"可以表示具体空间，也可以表示抽象范围，如：

（58）杜甫草堂现在是非常美丽的一个花园，一个园林，它里面亭台楼阁，花木扶疏非常优美，境界非常好。

（59）夜间，我里面的骨头刺我，疼痛不止，好像啃我。

（60）要善于从平淡的事物中，揭示出它里边包藏着的深刻的意味。

（61）他说："你信不信？我看的书，老厚老厚的书，一个字一个字地读过去，多了去，可好多看过的书，我对它里头的那点个意思，竟是一点印象没有。"

（62）对，也很不好过，你应该倒过来让我高兴，让我从你里头多拿一点，我觉得你以后见了我就会很高兴，最后他还是不让，就是这样。

例（58）（59）"里面/里边/里头"表示具体空间：例（58）"它里面"是指杜甫草堂里面，例（59）"我里面"是指我的身体里面。例（60）～（61）"里面/里边/里头"表示抽象范围：例（60）"它里边"是指平淡的事物里边，例（61）"它里头"是指书里头，例（62）"你里头"是指"你"的那一份里头。

二、X 为"的"字结构

X 为"的"字结构时，只能用"里面/里边/里头"，不能用"里"。

"里面/里边/里头"附在"的"字结构后面，可以表示具体的空间，如例（63），也可以表示集合范围，如例（64）。

（63）把不同形状的凹凸积木合在一块，他们只能把积木堆在一起，大约 2 岁到 3 岁儿童才初步学会了小的可以放在大的<u>里边</u>。

（64）这时，钱作为党组书记，并没有说什么的，也许因为被批评的<u>里面</u>有他，一心记着硬了头皮听。

例（63）"里边"表示具体的空间，例（64）"里面"表示集合范围。上面例句中的"里面/里边/里头"都不能换成"里"。

如果在这些"的"字结构的后面补上省略的名词性成分时，则可以用"里"了。如：

（63'）把不同形状的凹凸积木合在一块，他们只能把积木堆在一起，大约 2 岁到 3 岁儿童才初步学会了小的积木可以放在大的积木<u>里</u>。

（64'）这时，钱作为党组书记，并没有说什么的，也许因为被批评的人<u>里</u>有他，一心记着硬了头皮听。

三、X 为数量词语

"里"和"里面/里边/里头"都可以与数量词语组合，表示数量范围，但用"里面/里边/里头"更普遍。

X 是数词或者是表示百分比的数词结构时，用"里面/里边/里头"比"里"更普遍，如：

(65) 那儿一，一个条儿，最后那条儿上尾数儿是一百一十五。一百一十五<u>里头</u>还刨去五块钱的互助金。

(66) 那就难啦！要是不当采购员，到明年年底，不就归进那百分之七<u>里头</u>去了吗！

(67) 农民负担的百分之五<u>里面</u>，已规定教育附加占 1.5 至 2 个百分点，具体比例由各个地方规定。

(68) "简佳，你知道有多少女孩子做梦都想跟我这样的人一块儿，"带点自嘲地一笑，"成为那百分之一<u>里</u>的一员吗？"简佳不吭声。

X 为数量词时，用"里面/里边/里头"也比用"里"普遍，如：

(69) 他是给我们算了这样一笔账，就说活一百年的人，在一千个<u>里边</u>也没有一个。

(70) 一千双<u>里头</u>吧，一百双<u>里头</u>副品率是百分之一。

(71) 我跟你这么说吧，一百个<u>里头</u>，一个知识分子都没有。

(72) 十个<u>里</u>得有八个，都带那声儿，可是也有没有的。

但是在固定组合中，只能用"里"，不能用"里面/里边/里头"。如：

(73) 文章虽写得登不上大雅或小雅之堂，但错别字却毕竟只是百里挑一。

上面例句中的"百里挑一"是固定组合，其中的"里"不能换成"里面/里边/里头"。

表3-1是我们在100万字的书面语语料和200万字的口语语料中所做的一个定量统计。

表3-1 "里""里面/里边/里头"与数量词语的组配情况统计

数量词语 方位词及用例数	口语		书面语	
	数词	数量词	数词	数量词
里 2	0	1	0	1
里面/里边/里头 8	1	7	0	0

从表3-1可以看出，从总的使用情况看，与数量词组合更倾向于用双音节方位词"里面/里边/里头"。在口语中，"里"与数量词组配只有1例，而"里面/里边/里头"与数量词组合有8例，可见，在口语中，与数量词组配倾向于用双音节方位词"里面/里边/里头"。在书面语中，与数量词与"里"组配，没有与"里面/里边/里头"组配，但用"里"的这例是用于固定组合中。

与数量词语组合时，倾向于用"里面/里边/里头"，也许与音节有关。

因为数量词语多为双音节或多音节，与双音节"里面/里边/里头"组合，形成"2+2"的双音步，韵律上比与单音节"里"组合成的"1+2"超音步更稳定。

四、X 为动词或动词短语

罗日新（1987）指出，"里"一般不与动词结合。实际情况是，"里"可以与动词组合，但"里面/里边/里头"一般不与动词组合。例如：

（74）他从她的倾诉<u>里</u>捕捉到了若干有趣的东西。有趣，确实很有趣，他想，他希望她多讲些类似那个"派对"的事。

上面例句中"里"与动词"倾诉"组成方位短语，其中的"里"不宜换成"里面/里边/里头"。

（一）X 的音节特点

与"里"组配的动词多为双音节，例如：

（75）因为知道这段历史在过去的描述<u>里</u>，假的东西太多。

（76）从她那个声音的颤抖<u>里</u>就感觉到她是发自内心的。

（77）他觉得，凭他的岁数与经验，他一定有办法，可是，在这一刻钟的沉默<u>里</u>，他什么也没想起来。

上面例句中，与"里"组配的动词性成分"描述""颤抖""沉默"都是双音节的。

X 为单音节动词的也有,如:

(78) 他自己反倒笑了:"你们都不提福隆,好!其实,算什么呢?在病里我琢磨出来了:我没本事,一向马马虎虎,运气叫我赚了俩钱。"

(79) 她在我走出五六十米即将拐弯时大喊:再也别回来。话泡在哭里。

(80) 在这一怔里,一个已经沉睡到近乎死亡的东西苏醒过来。

上面例句中,"里"附在单音节动词"病""哭""怔"后面,表示动作持续所造成的状态。

有些"单音节动词 + 里"已成为固定的用法,如下面例句中的"往 + V + 里 + VP"的格式和四字格的固定短语。

(81) 这时,车上下来十几个人,把这位队长往死里打。

(82) 小孩经医院抢救及时,死里逃生,却也花去医药费上千元。

(83) 态度和语言都是温和的,相待、相谈,既没有拒人于千里之外的冷漠,又没有笑里藏刀的虚伪。

例(81)"往死里打"是"往 + V + 里 + VP"格式,例(82)(83)的"死里逃生""笑里藏刀"都是四字格的成语。

(二)"VP + 里"的句法分布和表意特点

从上面的例句中我们不难发现,"里"与动词组合时,"VP + 里"在句法分布上有这样的特点：多作介词宾语或"V 介"宾语，如上面例句中的"在病里""泡在哭里""在过去的描述里""从她那个声音的颤抖里""在这一刻钟的沉默里"等。

在表意方面，"VP + 里"表示的是动作持续的状态。"在病里"是指在"生病"的这个状态里。

偶尔也有动词与"里面/里边/里头"组配的，但是动词不能是单音节的，而且"VP + 里面/里边/里头"一般作主语，表示的是某种范围。

比较下面一组例句：

（84）在这一场残忍的竞争<u>里</u>，分数就是一切。

（85）竞争<u>里面</u>有正当的竞争，也有不正当的竞争。

例（84），"竞争里"作介词"在"的宾语，侧重表示是状态，例（85）"竞争里面"作主语，重在表示范围。

总之，"X"为 VP 时，一般与单音节方位词"里"组配，极少与"里面/里边/里头"组配。我们在 300 万字的语料中，收集到"VP + 里"的例句有 10 例，而"VP + 里面/里边/里头"的例句只有 1 例。

五、X 为形容词或形容词短语

X 为形容词时，一般与"里"组合，几乎不与"里面/里边/里头组合。

"里"与形容词的组合有以下特点：

（一）X 的音节特点

X 以单音节形容词占多数，请看下面的例句：

(86) 证券商们明里暗里展开竞争，而竞争手段主要是高科技和优质
服务。

(87) 我们大家都是从苦里过来的，经历过不少困难的时期，土地革
命时期，抗日战争时期。

(88) 那您一定言简意明，最远说到太阳就打住，别再往远里说了，
我这手头儿还有活儿呢。

吕叔湘（1980）认为，"形＋里"限于单音节形容词。但是，我们在
考察语料时发现，"里"除了与单音节形容词组合外，也可以与双音节形
容词或多音节形容词短语组合，如：

(89) 在文学作品里，在现实生活里，我曾经看到过多少优秀的人在
这样的痛苦里挣扎，甚至被毁。

(90) 他没回来，是志新今儿要带女朋友回来，临走千叮万嘱让把屋
子往超豪华里布置。

例（89）是与双音节形容词"痛苦"组合，例（90）是与多音节形
容词短语"超豪华"组合。

"里"与形容词组合，常常出现在一些固定格式中。

第一种，"往（向/朝）＋A＋里＋VP"格式。请看例句：

(91) 咱们共产党员的任务是要在全世界实现共产主义！同志，要往

远<u>里</u>想，往大<u>里</u>想。

"A +里"作介词"往""向"等的宾语，表示以某种状态为目标。

这类格式的能产性很高，很多单音节性质形容词都可以出现在这个格式中，如"高""低""长""短""深""浅""好""坏""大""小"等等。而且这类格式里的形容词还可以推广到一部分双音节的形容词。如：

（92）哎呀，咱们要利用这有利时机，把报道向纵深<u>里</u>发展。

第二种，"A_1里透（泛/带/发）A_2"格式。A_1、A_2是意义相对或相反的一对形容词，这类格式表示 A_1、A_2 两种性状并存于一物。

A_1、A_2常常是单音节的颜色词，如：

（93）郁容秋像年画一般艳丽，面颊白<u>里</u>透红，双唇晶莹闪亮。翘起的睫毛像蝴蝶的触须一般轻盈颤动着……

（94）他有一张黑<u>里</u>透红经过风霜的脸，一副坚强的体魄。

（95）头上戴的是一顶早已褪色的黄军帽，身上穿的是一身黑粗布的中山装，脚上着的鞋子也是黄<u>里</u>泛白的部队胶装。

（96）外地的苦瓜，小个头，绿<u>里</u>泛青，密密的皮瘤，像肥水不足，没长饱满。

（97）近旁隔一道田埂倒有一片油菜，就它绿，别的都呈灰褐色，连山连房屋连人都这种颜色，就连山底下的柑橘树也绿<u>里</u>带灰，不起眼不带劲的样子。

(98) 她的皮肤就像浅玫瑰色的老象牙，嘴唇是覆盆子的深红色，眼睛蓝<u>里</u>发灰、大大的、分得很开、脉脉含情。

从上面例句可以看到，这类格式的能产性也是很高的："白里透红""黑里透红""黄里泛白""绿里泛青""绿里带灰""蓝里发灰"等等，只要意思上讲得通，任意一对单音节颜色词都可以出现在这一格式里。而且 A$_1$、A$_2$ 还可以推广到其他表性状的单音节形容词，如：

(99) 因此，左金山就时不时地听到一些软<u>里</u>带硬、话中有话、模棱两可的警告："要不了半年，就让左金山关门滚蛋！"

(100) 煎好一面再翻煎另一面，抽去模圈，一只又香又甜，香<u>里</u>透甜的西瓜煎饼就做成了。

第三种，"四字格"短语。"A + 里"是四字格短语里的两个字，如下面例句中的"忙里偷闲""闹里取静""急里出错"：

(101) 在外地当教师的妻子，也忙<u>里</u>偷闲地帮助丈夫查寻有关资料。

(102) 但闹<u>里</u>取静，商中有文，于尘嚣中抹一笔墨岚，倒也自有意趣。

(103) 魏强生怕赵庆田急<u>里</u>出错，低声向他叮咛："别急，插接牢固再下！"

（二）"AP + 里"的句法分布及表意特点
与"里"组合的形容词多表光线色彩、心理状态、境况氛围等，如：

（104）人是该生活在光明<u>里</u>的，每个年轻人都这样想。

（105）到了山顶，什么都裹在云里，几乎连我们自己也在内。在不分远近的白茫茫<u>里</u>闷坐了一点钟，下山的车才来了。

（106）地主家的两个女人在时深时浅的悲伤<u>里</u>，突然对地主一直没有回家感到慌乱了，那时天早已黑了，月光明亮地照耀而下。

（107）只用来做军阀混战的炮灰的兵士，都从愤怒<u>里</u>站起来，掉转了枪口，打死了长官，成千地反叛了。

（108）他这一声叹息，使得大家哑口无言，书房陷入可怕的沉寂<u>里</u>。

（109）在这百忙<u>里</u>，左宗棠还是时常约见，有一天甚至来封亲笔信，约他第二天上午逛西湖；这下，胡雪岩可真有些啼笑皆非了！

上面例句中与"里"组合的形容词，例（104）（105）表光线色彩，例（106）（107）表心理状态，例（108）（109）表境况氛围。"里"附在这些形容词后面，表示某种状态。

此外，在句法分布上，"AP＋里"一般不放在句首作主语，多作介词宾语或"V介"宾语，表示处于某种状态或境况之中。

偶尔也有形容词与"里面/里边/里头"组配，但是，形容词不能是单音节的，而且一般是放在句首作主语或定语，不表示状态。

比较下面两组例句：

（110）a. 侯敏沉浸在即将做母亲的幸福<u>里</u>，那还未出世的小生命，模样儿似乎已经呈现在她的面前了。

b. 她叹了口气,"自从我记事开始,我的幸福<u>里面</u>总有'如果'。"

(111) a. 在音乐里跳,在快乐里飞,凌晨 1 点多我们回到了寓所。

b. 因为大家都在这种场所,大家都可以自由来往,大家都能够体会到这个城市给你带来的快乐,快乐<u>里面</u>的内容就会很多,这其实也是其中的一个部分。

不难看出,"AP + 里"作介词宾语或"V 介"宾语,用于"在 AP 里 V"或"V 在 AP 里"结构形式中,表示处于某种状态或境况之中。如例(110a)"幸福里"是指"幸福的状态",例(111a)"在快乐里飞"也是指在"快乐的状态"里飞翔。

"AP + 里面/里边/里头",作主语或定语,用于"AP 里面/里边/里头有……"或"AP 里面/里边/里头的 N"等结构形式中。在表意方面,我们从例(110b)(111b)的"幸福里面总有……""快乐里面的内容"可以看出,"AP + 里面/里边/里头"侧重于表示事物的范围而不是表示状态。

总之,X 为形容词时,一般与"里"组合,极少与"里面/里边/里头"组合。我们在 300 万字的自建语料库中检索到 11 例"AP + 里"的用例,但未见有"AP + 里面/里边/里头"的用例。

第三节 与 NP 组成方位短语时

朱德熙(1982)在《语法讲义》中指出:在单纯方位词里边,"里"

和"上"的活动能力强，只要意思上讲得通，可以任意在名词后面加上"里"和"上"。的确，"里""里面/里边/里头"作为方位词，最常见的语法功能就是与名词性成分组配，与 NP 结合组成方位短语是"里"类方位词的一个极其重要的功能。不过，并不是任何名词都可以与"里"类方位词组配，"里"类方位词对其前面的名词还是有一定选择性的。根据对语料的考察，我们发现下面几类名词一般不与"里"类方位词组合。

1. 指人的专名，如：杜甫、鲁迅、雷锋、毛泽东

2. 地名、国名，如：中国、日本、北京、广州

3. 动物名词，如：羊、猫、马、蜻蜓、蚊子、鸟、狐狸

4. 工具名词，如：锄头、剪子、犁、钉子、扁担、剑

5. 疾病类名词，如：肝炎、癌症、胃炎

除上面几类外，大部分名词都能与"里""里面/里边/里头"组合。在方位短语"NP 里"中，NP 是"里"类方位词的参照物。能与"里"类方位词组配的 NP 主要有以下一些类别：

1. 建筑物类，如：房间、楼、院子

2. 划界事物类，如：门、窗户、栏杆、柜台、线

3. 可容物类，如：柜子、包、碗、沙发、车、馒头

4. 身体部位类，如：心、手、肚子、怀、腰

5. 地域地形类，如：森林、河、山、湖

6. 区划机构类，如：省、市、区、村、学校、医院

7. 非离散物类，如：水、火、泥、汗、风、雾、阳光、空气

8. 群体集合类，如：学生、十个人、队伍

9. 抽象事物类，如：汉语、小说、思想、感情、社会

10. 时间类，如：三年、暑假、时间、春天

以上十类 NP，一般都能与"里""里面/里边/里头"组配。

一、"里""里面/里边/里头"与 NP 组配的倾向性

"里""里面/里边/里头"最大的纠结就在于与 NP 组成方位短语上。经仔细考察，我们发现，在与 NP 组配时，"里""里面/里边/里头"还是体现出一定的倾向性，有些 NP 倾向于与"里"组配，有的 NP 倾向于与"里面/里边/里头"组配。

（一）与"里面/里边/里头"组配能力强而与"里"组配受限的 NP

1. X 为划界物类 NP

"里"和"里面"都可以与划界类事物组配，表示该事物一侧的具体空间。如：

（112）门开了，从门<u>里</u>晃出聚光很散的手电，看不清持电筒人的上半身，只见硕大的毛皮鞋在移动。

（113）她悄悄地摸到住屋的门边，轻轻推着门，门<u>里边</u>有个老大娘低低地问："谁呀！"

（114）他把票先递进去，高声申诉情由，刚说了两三句话，那张票从小窗户<u>里</u>飞出来。

（115）看见层层亮着灯火的窗户，想象每一扇窗户<u>里面</u>，人们全家围坐一起聚餐，充满了安逸与欢乐。

"门""窗户"都是划界作用的事物，既可以与"里"组配，也可以

与"里面/里边/里头"组配。

但是，"里面/里边/里头"与划界类事物的组配范围比"里"广。划界类的事物一般都可以与"里面/里边/里头"组配，但不一定能与"里"组配。

请看下面的例句：

(116) 我用手死死扣住界线边上，硬是把自己停在了界线<u>里面</u>，腰也扭伤了，就差1厘米。

(117) 闯王走到外间，站在门槛<u>里边</u>，望望天色，许多地方的云彩已经稀薄，绽开来更多的蓝天。

"界线""门槛"与"里面/里边/里头"组配没有问题，但如果与"里"组配时，可接受性就值得怀疑，如：

(116') 我用手死死扣住界线边上，硬是把自己停在了界线<u>里</u>，腰也扭伤了，就差1厘米。

(117') 闯王走到外间，站在门槛<u>里</u>，望望天色，许多地方的云彩已经稀薄，绽开来更多的蓝天。

当 NP 为划界事物时，"里"类方位词都是以界线为参照。我们在第二章分析过，当参照物为线性参照物时，方位词一般用"里面/里边/里头"，不用"里"。因此，当 X 为划界事物时，更倾向于与"里面/里边/里头"组配。

2. X 为群体集合类 NP

"里""里面/里边/里头"都可以与群体集合类 NP 组配，表示集合范围，如：

(118) 比如说在那学校里开展，尤其大学生<u>里头</u>吧，开展入党的教育吧，比以前我觉得好像是，不是那么好进行。

(119) 还有我舅妈，我舅妈他们奖金在我们这个亲戚<u>里边儿</u>吧，也最高的。

(120) 他们紫竹院那儿，他还属于那个进入高干演员<u>里头</u>了吧，说要给他个三居室，带练功厅的那种三居室。

(121) 所以我在我们厂可能是属于年轻人<u>里</u>最早提拔的干部了。

(122) 文科儿，因为我们学校，当时收高中生，就是从初中四个班<u>里</u>抽俩，抽了两个班。

上面例句中"里""里面/里边/里头"与群体集合类的"大学生""亲戚""高干演员""年轻人""四个班"组配，表示集合范围。

但有的群体集合类 NP 更倾向与"里面/里边/里头"组合，如：

(123) 天<u>里头</u>要数三九天冷，人<u>里头</u>要数你大妈狠。

(124) 你一遇上老桂木匠就知道是他。竹背篼装满了木匠行头，手里捏着把五尺杠杠（懂行的人都知道，那把五尺是木匠<u>里面</u>的最高级别——掌墨师的标志，像将来的肩章一样），背上五六十斤走长路腰不弯，腿不颤，比年轻人还经熬。

（125）人类皇帝点到哪个是王后谁就是王后，在鸡<u>里边</u>不是这样的，
公鸡是不介入母鸡排队的。

在上面的例句中，"天里头""人里头""木匠里面""鸡里边"都是表示集合范围，其中的"里面/里边/里头"都不宜换成"里"。

（二）与"里"组配能力强而与"里面/里边/里头"组配受限的NP

1. X 为非离散类 NP

与非离散类 NP 组合时，"里"类方位词表示的是空间范围。

虽然"里""里面/里边/里头"都可以与非离散类 NP 组配，但是"里"的组配对象比"里面/里边/里头"更广泛。

非离散类事物可以分成两类：

一类是"水""沙子""米"等类事物，虽然是非离散的，但在人们的认知里，它们与其他事物的边界还是比较清楚的。

还有一类是"风""雨""雾""阳光""空气"等事物，可以说是无边无际，所以在人们的认知里，这些事物与其他事物的边界并不是很清楚。

当 X 为认知边界比较清楚的非离散类 NP 时，多与"里"组配，但也可以与"里面/里边/里头"组配。例如：

（126）如果水<u>里</u>混进了脏东西，只要让水流过一根装着活性炭的管子，就可以把水净化。

（127）上游有人往水里头放杯子，杯子里头有酒，然后杯子就顺流而下，飘飘悠悠……

（128）倒塌的房屋、海水退潮后留下的衣服和渔网、半埋在沙子里的渔船……，这一切都令人感到自然灾害的恐怖与无情。

（129）然而河流反对，它继续往沙子里面冲，但是都被吸收了。

"水""沙子"是认知边界比较清楚的非离散类事物，所以，与"里""里面/里边/里头"都可以组配。

当 X 为认知边界不清楚的非离散类 NP 时，一般与"里"组配，不与"里面/里边/里头"组配，如：

（130）北风里，我满脸都是泪水，但我真的望着那件鲜艳的脸谱 T 恤，微笑了。

（131）在北京，她无数次地站在天安门前泪水涟涟，她多想对北京唱一首《烛光里的妈妈》，多想对北京说一句，我来了，我是一个穷人家的孩子，我有一个天底下最伟大的母亲。

（132）在阳光里，我听见阵阵鸽哨响得清脆、愉快。

（133）他将双手插在单薄的袖管里，火枪背在身后，缩着脑袋在晨雾里走向山林。

（134）那一带草棚棚的灯光早熄了，草棚棚的轮廓也溶化在夜色里，看不清晰。

（135）入口处是一个小门房，外边竖着 3 米高的水泥隔离墙，一个保安持枪立在隔离墙的阴影里，两名美军士兵在来回逡巡。

（136）从此，我开始了漫长艰苦的走读生涯，风里来雨里去倒也罢，真正如临大敌的是挤那正值上班高峰时间的公交车。

(137) 毛主席喜欢在新鲜空气里散步，喜欢晒太阳，喜欢在大海里
游泳。

上面例句中的"北风里""风里""雨里""烛光里""阳光里""晨雾里""夜色里""阴影里""空气里"，其中的名词都是认知边界不清楚的非离散类 NP，其中的"里"都不宜换成"里面/里边/里头"。

2. X 为时间类 NP

"里""里面/里边/里头"都可以与时间类 NP 组配时表示时间。但是，"里面/里边/里头"的组配范围不如"里"广泛。

时间类 NP 可以分成两类：

一类是表时点的，如表年号、季节、节气的"1996 年""春天""七月"等时间词语都属于这一类；

一类是表时段的，有明确的时间界限，多为表时量的数量结构，如：一年、三天、一个小时、两个星期、假期等。

X 为表时段的 NP 时，常与"里"组配，但也可以与"里面/里边/里头"组配，如：

(138) 可是呢，把那个六年级的课程呢，都压缩在一年里，就等于五年级，六年级，一年就上完了。

(139) 反正就是，人家，反正你说这个这个这个一礼拜里，当中吧，反正总是得碰那么一两起事件。

(140) 报道说，在过去 6 天里，救援人员不分昼夜地在废墟里挖掘，估计还有大约 20 至 30 人仍被埋在废墟里。

（141）1054 年以来发现的超新星，现在变成这个样子了。那么它在
这些年里面是怎么演化发展的？

（142）郭彩娣不了解汤阿英的身世，看她在车间里做生活，一天里头
听不到她讲几句话，感到奇怪。

（143）她临走前的一个星期里面，罗新斯的宴会还是和她们刚来时一
样频繁。

X 为表时点的 NP 时，倾向于与"里"组配，一般不与"里面/里边/
里头"组配，如：

（144）那年是豆子，黄豆啊，秋天里，长得真棒。长得真成熟了吧。

（145）那是夏天里的一个中午，太阳很懒地晒下来，四周仿佛都在冒
烟。

（146）一天洗一百条，那得上河，那不有护城河呢嘛，上护城河洗
去。十月里了我还上护城河洗去呢。

（147）他说，平日里小白常唱这个。

（148）在索泰克，每个正式职工在自己的生日里都能收到公司的一份
价值 60 元的生日礼物，尽管不起眼，但却充分体现了公司对
每个职工的关怀。

（149）后来闹钟便响了。它在每天早上固定的时间里响起，使一个空
空的房间生出家庭氛围。

如上面例句中的"秋天""夏天""十月""平日""生日""固定的

时间"都是表时点的时间类 NP，一般与"里"组配，不宜与"里面/里边/里头"组配。

可见，"里"既可以与时点类 NP 组配，也可以与时段类 NP 组配，而"里面/里边/里头"一般只与时段类 NP 组配，不与时点类 NP 组配。

比较下面的例句，可以更清楚地看到这一区别：

（150）罪犯作案是在这三个小时左右的时间<u>里</u>。

　　→罪犯作案是在这三个小时左右的时间<u>里面</u>。

（151）仅在案发的时间<u>里</u>在现场是不够的。

　　→仅在案发的时间<u>里面</u>在现场是不够的。

例（150）"三个小时左右的时间"表时段，因而与"里面"组配没有问题，但例（151）"案发的时间"是指时点，因而倾向于与"里"组配，不宜与"里面/里边/里头"组配。

3. X 为抽象事物类 NP

与抽象事物类 NP 组配，"里"类方位词表示抽象范围。

"里"与抽象事物类 NP 的组配范围比"里面/里边/里头"更广泛。

抽象事物类 NP，可以分成两类：

一类抽象事物的特点、属性比较明确，作为一个类别，这类事物与其他事物的区分比较清楚，或者本身包含了比较明确的内容。也就是说，这类事物有比较明确的认知边界。表示信息内容、行业领域的抽象事物一般属于这一类。表示信息内容的，如"汉语""话""小说""电影""新闻""合同"等，"汉语"作为一门语言，与其他语言的区别是显而易见的,"话""小说""电影""新闻""合同"等与其他事物的区分也很明显,而且所包含的信息内容都是明确的。表示行业、领域的,如"经济学""计算机行业""宗教界""文艺界"等,它们作为一个类别与其他领域的区分也是比较清楚的。

还有一类抽象事物的特点、属性比较模糊,与其他事物的区分不够明确,也就是说,这类事物缺乏明确的认知边界。表示性格心理、情感态度的抽象事物往往属于这一类。比如"气质""脾气""风度""态度""情感"等。

当 X 为认知边界比较清楚的抽象事物类 NP 时,常常与"里"组配,也可以与"里面/里边/里头"组配。如:

(152) 作者在这部小说里,把意识流手法推向了顶峰,被公认为一部无法看懂的"天书"。

(153) 金庸先生他是浙江海宁人,他写了个小说《书剑恩仇录》,把这个传说故事写到小说里头,加以渲染,所以这个故事几乎是家喻户晓。

(154) 对演艺圈内的人来说,潘婕拍了二十多部影视剧,在不少部电影里担当了主角,但对圈外的人来讲,这个名字似乎很陌生。

(155) 这个电影里边仍然表现的是那种弱者反抗强者的斗争的精神,大家如果看过那个电影,那也是部很悲壮的电影。

(156) 汉语里的实词多数是一词多义,即某个实词具有几个不同而又相关的义位。

(157) 在中国,漫画实由丰子恺开其端,但不知由何时起,在汉语里

<u>面</u>，漫画几乎变成了讽刺的同义语。

（158）经济学<u>里</u>有个新词叫"泡沫经济"，它是指证券、期货、房地产等反映经济景气的市场价格不切实际地高涨。

（159）厉以宁分析说，经济学<u>里面</u>有一个木桶原理，这桶由木板组成，桶的容量由最短的木板长度决定的。

（160）这些人学历不高，但眼界却很高，不但想在大上海占一席之地，而且还想在行业<u>里</u>夺冠，但这又谈何容易！

（161）我觉得是这样的，建筑设计包括建筑整个行业，它是作为社会的一个部分的，总是在建筑行业<u>里边</u>来谈建筑设计的继承与创新，其实是有横看成岭侧成峰，只缘身在此山中，这个道理的。

在上面的例句中，"小说""电影""汉语""经济学""行业"等表信息内容、行业领域的抽象类名词，既可以与"里"组配，也可以与"里面/里边/里头"组配。

但是，当 X 为认知边界比较模糊的抽象事物类 NP 时，往往倾向于与"里"组配，如：

（162）但有一件小事，却于我有意义，将我从坏脾气<u>里</u>拖开，使我至今忘记不得。

（163）他精力充沛，有干劲，性格<u>里</u>有很强的叛逆性，连他现在兴办的公司都叫"创新"。

（164）那个小个子的黑色眼睛在他们脸上看了一眼。他的态度<u>里</u>一点也没有善意的痕迹。

（165）她幻想<u>里</u>的将军并不是民国初年头戴鹭羽冠，腰悬指挥刀一类的，却是那身穿锁子黄金甲，手挺丈八长矛，跨着高头大马。

（166）"历史是不应被忘记的。因为大到一个民族的文化、小到一个人的精神气质<u>里</u>都不可避免地带有历史传统的烙印"，一位搞教育工作的刘女士感慨地说。

（167）有一个月他在我们家进进出出，我从来没想到过他那温和而机智的风度<u>里</u>藏有恶意。

（168）借完书到阅览室，在我的第六感觉<u>里</u>，仿佛感到有人投来眼光，我没有在意。

（169）它的根深深地培植在千百年来内忧外患与关心祖国命运的民族精神和自觉的责任感<u>里</u>，它标志着光照全民族的长期形成的凝聚力。

上面例句中，"坏脾气""性格""态度""幻想""精神气质""风度""第六感觉""责任感"等认知边界比较模糊的抽象类 NP，倾向于与"里"组配，不与"里面/里边/里头"组配。

（三）与"里""里面/里边/里头"组配能力强的 NP

当 X 为以下几类 NP 组配时，"里""里面/里边/里头"都可以与之组配，而且如果不考虑语义、语用方面的细微差别，"里"和"里面/里边/里头"往往可以互相替换。

1. X 为建筑物类 NP

"里""里面/里边/里头"都可以与建筑物类 NP 组配，表示具体的空间区域，如：

(170) 消防部门一位官员说，由于发生火灾时大楼<u>里</u>的大部分房间没有人，因此没有造成人员伤亡。

(171) 福佑药房在一座大楼<u>里面</u>，出入走弄堂里的小门。

(172) 他说，你还会写这个字哪。然后就给我带到就是这个楼，楼下二楼这点儿，二楼这个，正对楼梯这个房间<u>里边</u>。

(173) 一夜没有睡觉的工作人员仍在忙碌着，各种信息正在有条不紊地传送，房间<u>里</u>堆满了矿泉水和干粮。

上面例句中，"大楼""房间"与"里""里面/里边/里头"都可以组配，如果不考虑其他方面的差别，两者可以互相替换。

2. X 为可容物类 NP

"里""里面/里边/里头"都可以与可容物类 NP 组配，表示具体的空间区域，如：

(174) 如果先把这些杂件按规格整理好，分别装入一个个抽屉，然后把抽屉放到柜子<u>里</u>，变成一个个大型化、标准化的货物单元，搬运、整理起来就很方便了。

(175) 玻璃杯盛牛奶；饭桌点上蜡烛，铺上"招待宾客"用的餐布；把锁在柜子<u>里面</u>的传家宝拿出来摆设。

(176) 名为稀饭，其实碗<u>里边</u>不见小米，在灯亮下照见人影，不如说是清水煮干野菜倒较恰切。

(177) 人们把经过磁化的钢针，穿上几根灯草，放在一只盛满水的碗<u>里</u>，它就能浮在水上为航船指示方向，

上面例句中，"柜子""碗"与"里""里面/里边/里头"都可以组配，如果不考虑其他方面的差别，两者可以互相替换。

3. X 为地域地形类 NP

"里""里面/里边/里头"都可以与地形类 NP 组配，表示具体的空间区域，如：

(178) 谢安一见到张玄，也不跟他谈什么军事，马上邀请他到他山<u>里</u>一座别墅去。

(179) 他小时候就到山<u>里头</u>挖人参，摘松子，拾蘑菇，采木耳，一直在劳动。

(180) 但是，苦孩子也会苦中作乐，从小就喜欢水的田荣平时总爱和小伙伴到河<u>里</u>玩，时间长了，他学会了游泳。

(181) 因为水渠里边有水，它们蚂蚁，一个一个在渠边逐渐摞起来，然后搭成了两米高的蚂蚁堆。然后蚂蚁就从两米高的高处往河<u>里边</u>跳。

上面例句中，表地形的"山""河"与"里""里面/里边/里头"都可以组配，如果不考虑其他方面的差别，两者可以互相替换。不过在使用的普遍性上，"里"比"里面/里边/里头"强。

4. X 为身体部位类 NP

"里""里面/里边/里头"都可以与身体部位类 NP 组配。

与身体部位类 NP 组合时，"里""里面/里边/里头"可以实指身体部位，如：

（182）懂事的吴莉一听到这个消息，小脸因兴奋涨得通红，眼睛<u>里</u>盈满了泪水。

（183）我看见他眉心中有一丝急切的表情，看见他眼睛<u>里面</u>，就在黑眼珠的中央，隐含着一道微小而迟缓的狡猾的闪光。

（184）他的双腿酸痛，肺<u>里面</u>仿佛有什么东西在烧灼一般。他实在很难想象父亲会有多难过。

（185）我这是结石。经常，尤其是肝胆管儿结石，嗯，这个肝<u>里头</u>呢，这个胆管儿<u>里</u>都有。

（186）听完我的故事，马晓军为我对理想的不懈追求而感动，他从怀<u>里</u>掏出一张银行卡塞到我的手<u>里</u>。

（187）范哆哆嗦嗦把那只罐子捧过来，小心翼翼地放入提包又抻出那一万块钱，扔到四爷的怀<u>里头</u>，"清喽，清啦……"他突然把眼睛捂上了。

上面例句中表身体部位的"眼睛""肺""肝""胆管儿""怀"与"里""里面"组合，都实指身体部位。

有时候，"里""里面/里边/里头"与身体部位类 NP 组合，并不实指身体部位，而是一种引申用法，如：

（188）那小伙子说话，嘴<u>里</u>不太干净，也不太文明吧也就是，是啊。

（189）但好像这领导权哪，就得在这小的手<u>里</u>儿。

（190）我说这，一人儿手<u>里头</u>还倍儿阔，还一说动不动请你吃点儿去。

（191）而且你要是问了价儿不买啊，他这嘴<u>里头</u>，不干不，不净的，啊。

上面例句中的"嘴里""手里""手里头""嘴里头"都不是实指身体部位。不过，与身体部位类 NP 组合时，"里面/里边/里头"更倾向于实指身体部位。

5. X 为区划、机构类 NP

"里""里面/里边/里头"都可以与区划、机构类 NP 组配。

与区划、机构类 NP 组合时，"里""里面/里边/里头"多表示区划、机构所在的空间位置，如：

（192）14 岁的孩子发明了滑翔机，在他那个小镇<u>里面</u>顿时引起轰动。

（193）他简直难以相信，在这个小镇<u>里</u>，竟然有当今世界上数一数二的磁钢生产企业，这个企业的某些方面已经超过了 TDK。

（194）当然，你可以发现，已经有数不清的人在描述大学<u>里边</u>花天胡地生活，但那是小说，那可以让我们感动但不能培养理性。

（195）那些呢，后来到大学<u>里</u>都说特别好，就是因为她自学的东西比较多。

（196）从这个福利这方面呢，作为我们厂<u>里</u>来讲啊，每年，还要都这个举行一次这个，嗯，旅行。

(197) 静秋问："你昨天跑厂里头去了?"

上面例句中表示区划或机构的"小镇""大学""厂"，"里""里面/里边/里头"都可以与之组配，表示具体的空间位置。

有时候，"里""里面/里边/里头"与区划、机构类 NP 组合，还可以指相关机构或机构领导，如：

(198) 人们慌了手脚，只好报告县政府，又由县里转报省政府。

(199) 到了 1995 年，正好是一百周年的校庆，学校里面说了，说我们校庆总要搞点名堂，搞点东西吧。

(200) 因为我，我没具体做这工作啊。反正这次比较严。根据市里的要求嘛。

(201) 像这样儿的话呢，我们就往市里头要报一下儿，就是看看是不是能成为市里的五好家庭。

(202) 如果同意，我们再与省里领导通通气，找有关部门一起研究。如何?

(203) 省里面将集中进行一些大的景点和设施建设，各民族地区也要从自己的实际出发，紧紧围绕优势资源，突出当地特色。

上面例句中，"县里""学校里面""市里""市里头""省里""省里面"都指相关机构或机构领导。

不过，与区划、机构类 NP 组合时，"里面/里边/里头"更倾向于指具体空间。

二、"里"类方位词与 NP 组配的制约因素

（一）NP 的空间属性

表 3 – 2 是我们根据"实体的""边界清楚"这两个特点对与"里"类方位词组配的十类 NP 进行分析，考察 NP 的空间特点是否影响了"里"类方位词与 NP 的组配能力。

表 3 – 2　NP 的空间属性对"里"类方位词组配能力的影响

NP	实体的	边界清楚	里面/边/头	里
建筑物类	+	+	强	强
划界物类	+	+	强	次强
可容物类	+	+	强	强
身体部位类 +	（+）	次强	强	
地形类	+	（+）	次强	强
区划机构类 +	（+）	次强	强	
群体集合类 +	+	强	次强	
非离散物类 +	+	弱	强	
抽象物类	–	+	弱	强
时间类	–	+	弱	强

注：1. 边界可以是物理边界，也可以是认知边界。"（+）"表示有边界，但边界不是很明晰。

2. "+"表示符合，"（+）"表示有时候符合或部分符合，"–"表示不符合。

3. 强、次强、弱表示"里""里面/里边/里头"与各类 NP 的组配能力的强弱。

从表3-2可以看出，NP的空间特点对"里"组配能力影响不大，但对"里面/里边/里头"的组配能力有很大影响。我们可以把表3-2简化成表3-3。

表3-3 NP的空间属性对"里面/里边/里头"组配能力的影响

NP	空间性	边界	里面/边/头与NP的组配能力
建筑物类、划界物类、可容物类、群体集合类 ↓ 身体部位类、地形类、区划机构类 ↓ 非离散物类、抽象物类、时间类	强 ↓ 弱	清楚 ↓ 模糊	强 ↓ 弱

从表3-3可以看出，从建筑物类、划界物类、可容物类、群体集合类＞身体部位类、地形类、区划机构类＞非离散物类、抽象物类、时间类，NP的空间性由有到无，由强到弱，NP的边界由清楚到模糊，"里面/里边/里头"与之组配的能力也随之由强变弱。

可见，"里面/里边/里头"倾向于与空间性强、有明确边界的NP组配。空间性弱，边界不明的NP，"里面/里边/里头与之组配的能力就弱。NP的实体空间性越强，"里面/里边/里头"与之组配的能力越强；实体空间性越弱，越倾向于与"里"组配。所以"里面/里边/里头"与建筑物类、可容物类、划界物类事物的组配能力强，而与抽象类、时间类的组配能力弱。

（二）"里""里面/里边/里头"的表意特点

在语义表达上，"里面/里边/里头"强调在界线内部，强调界限性、区分性,多与"外"相对;"里"表示在整体范围内,更注重整体性、范围性,不一定有相对的"外"。

两者的区别,就如同空心圆与实心圆的区别。同是圆,"里面/里边/里头"可以比作○,强调界线,在界线内为"里面",以界线分里外。"里"可以比作●,强调整体性,在整体范围内为"里",以整体范围分里外。从参照的角度来说,"里面/里边/里头"倾向于界线参照,"里"倾向于容器参照。

因此,"X里面/里边/里头",很看重X的边界意义,倾向于表示在某一特定界线内的空间。"X里"则是倾向于把X看作一个整体的空间范围,不强调X的边界。

比较下面两组例句:

(204) a. 它以中常速度行驶,有时浮出水面,有时潜入水底,躲避往来的船只,这样,我可以从水里面和水面上来观察这浪新奇的海。

b. 他们相信,一定能把失踪的5名船员找到,因为他们都穿了救生衣,即便是在水里应该不会沉下去,他们还有生还的希望。

(205) a. "我倒是不用出去盯梢。"特务解释道:"因为我们这个组是负责饭店里面的。"

b. 田平的车大多停在饭店门口。闲时常同饭店里的女服务员散坐在台阶上打情骂俏嗑瓜子儿。

第一组例 a "水里面"强调界线,以界线为参照。我们从"水里面和水面上"并列可以知道,这里"水里面"不包括"水面",而是指以水面为界,水面以下的空间。而例 b 的"水里"强调整体范围,是以容器为参照,是指包括水面在内的整个水域范围,不是指水面以下的空间,"不会沉下去"就说明了有一部分是浮在水面上的。

第二组例 a "饭店里面"强调的是饭店大门以内的空间,强调与"饭店外面"相对。以饭店大门为界,大门以外的不包括在内,所以"特务"说不用"出去"。例 b "饭店里的女服务员"并不限于指饭店大门内的女服务员,而是指整个饭店范围内的女服务员,包括"散坐在台阶上"的女服务员。

在上面的句子里,"里面/里边/里头"都不宜换成"里"。若换成"里",意义上就明显缺少了对边界的强调意义。

"里面/里边/里头"与"里"的这一区别,还可从句子中与相关词语的搭配上看出来。

"X 里"可以受形容词"满""全"的修饰,"里面/里边/里头"一般不行,如:

(206) 后面来的一个老汉看见她满嘴里冒着血沫子,还以为得了啥急症,对其他老汉惊呼:"还不赶快请个医生来?"

(207) 壁灯照着堆在地上的旧水桶和洋铁的碎片片。满屋子里弥漫着铁锈和油漆的臭气以及潮湿发霉的味儿。

(208) 表面上虽如此,但一到只有审判官和书记官参加的酒宴上,他就面目全非了,酩酊大醉后满饭馆里追逐女服务员胡闹。

(209) 民兵们扑到沟底，满沟里是火药气，炸倒的六七个敌人，横七竖八地躺在路上。

(210) 操场还没个巴掌大；教学楼更差，满楼道里的尿臊味。

(211) 全船里几个人不住地吁气，其余的也打起哈欠来。

(212) 解放后，大家想给孩子们办个学校，一合计，全村里学问最好的还是王木匠，木匠就被选当了校长。

(213) 齐凌云妈，您看，全胡同里已经没有一个闲着的青年，就剩下了我！

(214) 马昭栗同志，说吧，你知道这个办公厅是全部里最忙的地方！

"满""全"在《现代汉语词典》（2016）中都有一个义项：整个，上面例句中的"NP里"能受"满""全"的修饰，说明"NP里"本身具有整体性的特点。而上面例句中"满嘴里""满屋子里""满饭馆里""满沟里""满楼道里""全船里""全胡同里""全部里"，其中的"里"都不宜换成"里面/里边/里头"，说明"NP里面/里边/里头"不具备整体性的特点。

当前面的动词是"V进""V入"等词语，后面的方位词往往用"里面/里边/里头"，如：

(215) 一次他穿着跑鞋练习跳远，腾空飞起往下落时，由于假肢不好控制，跑鞋的钉子扎进好腿里面，扎出好几个洞，血一下子喷了出来，教练吓坏了。

(216) 这种颗粒状物个子比细菌小得多，能钻进细胞里面繁殖，因此称它为"包涵体"。

(217) 接过钱，认真地点了点，撩开西装，一只手拉开羊毛衫的鸡心领口，另一只手艰难地伸进了羊毛衫里面，将钱服服帖帖地塞进了衬衫上面的口袋里。

(218) 他第二次挥动球棒，球落入一个沙坑里面。

(219) 冲锋的号声在黑空里吼叫起来，战友们纷纷地上了云梯，攻入到县城里面。

(220) 这个想起来比较简单，把这个胰岛细胞培养出来，用一个胞胚构成一个胰岛，把这个胰岛植入到人体里面去。

(221) 那声音却奇怪地像烟雾一样缭绕在我的耳边，占领着我的思维，甚至爬满我全身的皮肤，硬要再钻入我的脑子里边去，我感到一阵头晕。

(222) 擦完了老婆那一双，正准备擦我的那一双 Reebok，儿子又丢了一句话给女儿："妹妹，爸爸那一双已经脏得进入皮里面了，再擦也没用。"

(223) 于是他告诉卡特，以后不要再打开这个陵墓，不要再进入到这个陵墓里边去了。

上面例句中，动词分别是"扎进""钻进""伸进""落入""攻入""植入""钻入""进入"等，后面的方位词用的是"里面/里边/里头"，因为"进""入"一般意味着对边界的突破，与"里面/里边/里头"强调界线的意义相吻合，如果后面的方位词用"里"，就缺少了对边界的强调意义。

因为"里面/里边/里头"强调界线性，所以"（X）＋里面/里边/里头"前后常常会出现与之相对的"（X）＋外面（外边/外头）"。

(224) 可是，没有人做这件事！那些商业职工，只要他们商店里面保持文明就行了。至于店门外怎么样，他们才不高兴管呢！

(225) 窗户外面是世界，窗户里面是家，我们的家只有一个房间。

"里面/里边/里头"强调界线，所以，当NP本身的边界模糊时，往往不与"里面/里边/里头"组配，而倾向于与"里"组配，如：

(226) 当我们把大把钞票送到服装店老板手中时，也许他们正为交不起学费，在墙角里独自哭泣……

(227) 林饺子累了她就去捶捶背，揉揉腿，夜里就像猫一样蜷在床角里，林饺子让她干什么她就干什么，从不怠慢。

(228) 青草在我眼睛上面摇晃，每一根都在放射着光芒，明亮的天空里生长出了无数闪闪发亮的圆圈，向我飞奔而来，声音却是那么遥远。

上面例句中，"墙角""床角""天空"都与"里"组配，但不宜与"里面/里边/里头"组配。这与"里面/里边/里头"强调界线内部、"里"强调整体范围的表意特点有关。"墙角""床角"的界线在哪里？在人们的观念中是模糊的。"天空"更是无边无际，所以都不适合与强调界限的"里面/里边/里头"组配。但"墙角""床角""天空"作为一个整体，人们还是很容易指认出来的，所以可以与强调整体性的"里"组配。

而当 NP 本身是划界物类事物时，则更倾向于与"里面/里边/里头"组配，如：

(229) 据铁路部门介绍，该车在经过牌头镇西山下村一个地方监护道口时，从下行线左侧撞坏已经关闭的道口栏木，冲入道口里面。

上面例句中，"道口"与"里面"组配没有问题，若把"里面"换成"里"，则可接受性大大降低。

至此，我们可以对前面"里""里面/里边/里头"与各类 NP 的组配倾向从语义方面做出解释。

由于"里面/里边/里头"强调界线性，所以边界明确或有边界的事物才有可能与"里面/里边/里头"组配，边界越明晰，与之组配的能力越强，反之，边界不清晰的事物与"里面/里边/里头"的组配能力就弱，因为不利于表达"里面/里边/里头"强调界线的意义。

划界物类 NP 与"里面/里边/里头"组合能力强，原因就在于这一类 NP 本身就是划界事物，有利于表达"里面/里边/里头"强调界线的意义。群体集合类 NP 乃至数量词语与"里面/里边/里头"组配能力强，是因为群体集合类 NP 和数量词语都与数量有关，而数量的概念一般都是比较确定的，或者说是认知边界比较明确的，因此，这两类词语与"里面/里边/里头"的组配能力也比较强。离散类 NP 中的"水""沙子"类，抽象类 NP 中的信息类、行业领域类 NP 由于认知边界比较明确，所以也可以与"里面/里边/里头"组配。而性格心理、情感态度类 NP 由于认知边界模糊,所以一般不与"里面/里边/里头"组配。时间类 NP 中,表时段的 NP 因为是表达时间中有起有止的某一段,可以认为是有边界的,所以也可以与"里面/里边/里头"组配。

非离散类、抽象类 NP,虽然大多属于认知边界模糊的事物,但作为一个整体还是清楚的,所以倾向于与强调整体的"里"组配。表时点的 NP,也就是把时间看作一个点,即一个整体,所以可以与"里"组配。

(三)NP 与目的物的空间关系

对"NP + 方$_{里}$"来说,NP 是参照物,与 NP 有空间关系的人或事物是目的物。NP 与目的物的空间关系也会影响 NP 与"里""里面/里边/里头"的组配。

比较下面几组例句:

(230) a. 就是拿两个指头夹着那癞蛤蟆,然后呢,这样儿给它固定住,攥在手里边儿,拿一根儿针,从它那个颈椎那孔里边儿扎进去。

　　　b. 后来有一段儿也工作过,她当护士,钱也交给母亲。我们自己谁的手里都没有钱。

(231) a. 他钻进灌木林中新下的雪里面去。他躺在那里,几乎像昏倒了一样。

　　　b. 我觉得这里有人世间最圣洁的雪,最纯净的风,人的灵魂在这样的雪里风里不能不得到净化和升华。

(232) a. 守在外面的警察们立刻兵分两路,程功继续跟上他,张尉建则下车进了公司里面。

b. 全公司的年轻人，平均每天工作达 10 个小时，公司<u>里</u>的两部车平均每月跑 6000 公里……

(233) a. 但是你就得保证车辆安全。家里有地儿搁行，我们有的司机都跟，比如家里住的附近有工厂什么的，停在大门儿<u>里头</u>。

b. 不配当你们贾家门<u>里</u>的儿媳妇！

例（230），例 a "癫蛤蟆" 与 "手" 的关系是具体的空间关系，用的是 "里边儿"，换成 "里" 也可以，例 b "钱" 与 "手" 的关系是抽象的空间关系，用 "手里" 更合适。我们在 200 万的口语语料中做了一个统计，当目的物是表抽象义的 "钱" 时，用 "手里" 的有 7 例，而用 "手里面/里边/里头" 的只有 1 例。

例（231），例 a "他" 和 "雪" 的关系是具体的空间关系，用 "雪里面"，用 "雪里" 也可以，例 b "人的灵魂" 与 "雪" 的关系是抽象的空间关系，用 "雪里" 更合适。

例（232），例 a "张尉建" 与 "公司" 是具体的空间关系，用 "公司里面"，用 "公司里" 也可以，例 b "两部车" 与 "公司" 是抽象的空间关系，用 "公司里" 更合适。

例（233），例 a "大门" 与 "车辆" 的关系是具体的空间关系，用 "里面/里边/里头"，例 b "门" 与 "儿媳妇" 的语义关系不是具体的空间关系，所以用 "门里" 更合适。

可见，当 NP 与目的物是抽象的空间关系时，更倾向于用 "里"。而用 "里面/里边/里头" 时，NP 与目的物的关系更倾向于具体的空间关系。

当一个句子里，既有 "里"，又有 "里面/里边/里头" 时，这种倾向性更明显，即 NP 与目的物是抽象的空间关系时，用"里"，而 NP 与目的物是具体的空间关系时，用"里面/里边/里头"。如：

(234) 好比我去电影院看电影，本来应该是我坐在剧场黑压压的观众席<u>里边</u>观看电影<u>里</u>虚构的故事，可是，却意外地发生了相反的情形。

(235) "她在这封信<u>里</u>不也正是这么说的吗?"这时，梅森从罗伯达那叠信<u>里头</u>取出另一封信，打开来念道……

(236) 现在反正就剩，家<u>里</u>就剩我们四个人。四个人有一个在外地，其他都在北京，城<u>里边</u>两个。

例 (234)，"我"和"观众席"是具体的空间关系，用"里边"，"故事"和"电影"是抽象的空间关系，用的是"里"。

例 (235)，"她"和"信"是抽象的空间关系，用的是"里"，"另一封信"和"那叠信"是具体的空间关系，用的是"里头"。

例 (236)，"四个人"和"家"是抽象的空间关系，用"里"，"两个"和"城"是具体的空间关系，用的是"里边"。

(四) 韵律因素

单双音节方位词与名词的组配，是否与名词的音节有关，前人有过讨论。吕叔湘（1965）统计了 10 万字的语料，认为用单音节还是双音节的方位词，与名词的音节多少没有什么关系。

谢红华（2001）考察了 30 万字的语料，指出单音节方位词对前面名词的音节数没有限制，而双音节方位词前面出现单音节名词的情况极少，双音节方位词倾向于与双音节名词组合。叶军（2008）统计了 28 万字的语料，也认为，"单音节名词＋双音节方位词"的组合式比较少见。

但是，请看下面的例子。

单音节的"门"，后面可以用"里"，也可以用"里面"：

(237) 她在门里低声哭，后来她坐在屋檐底下，哭着哭着就瞌睡了。

(238) 后来遇到一个小门，门里面有许多嫩绿的青草，小羊毫不费力地钻了进去，而骆驼却只能望门兴叹。

可是，双音节的"右门""店门"，后面却似乎更适合用"里面/里边/里头"：

(239) 左边的墙头上露着些青青的竹叶。右门里面有座小假山，遮住院内的一切，牛牧师可是听到一阵妇女的笑声。

(240) 店主们都不耐烦地站立在店门里边，认为命运亏待了他们。

可见，用"里"还是用"里面/里边/里头"，与名词音节的多少，还是有些关系。为了更细致地考察"里"类方位词与前现名词的音节组配关系，我们在更大规模的语料——200 万字的口语语料中做了一个定量统计。统计数据见表 3–4：

表3-4 与"里""里面/里边/里头"组配的NP音节数统计

	总计		单音		双音		三音		四音以上	
	数量	比例	数量	比例	数量	比例	数量	比例	数量	比例
里	1967	61.6%	1488	67.5%	402	55.4%	60	39.7%	17	26.6%
里面	1226	38.4%	715	32.5%	373	44.6%	91	60.3%	47	73.4%

根据表3-4中的统计数据，可以对上面几位学者的说法提出以下两点修正意见：

1. "单音节名词＋双音节方位词"的组合式并不是少见格式

"单音节名词＋里面/里边/里头"的组合式有711例，从使用频率来说，几乎占了30%，应该不能说是少见格式。

2. 用单音节还是双音节的方位词，与名词的音节数有一定的关系

"里"类方位词与名词组配时，用"里"还是"里面/里边/里头"，与名词的音节数有一定的关系。"里"类方位词与前现NP之间存在这样的组配模式：NP的音节数越少，越倾向于与单用方位词"里"组配；NP的音节数越多，越倾向于与双音节方位词"里面/里边/里头"组配。当NP为单音节时，倾向于与"里"组配，"里"的使用频率占了67.5%；当NP为双音节时，"里"和"里面/里边/里头"的使用频率相差不大；当NP为三音节时，"里面/里边/里头"呈现出组配优势，占60.3%；当NP为四音节以上时，"里面/里边/里头"的组配优势进一步扩大，占了73.4%。

下面列举几组不同音节的近义NP与"里"类方位词组配的数据：

	里	里面/里边/里头
家	917 (75.4%)	300 (24.6%)
家庭	10 (32.3%)	21 (67.7%)
XX 家庭	0 (0%)	2 (100%)

	里	里面/里边/里头
院	53 (64.6%)	29 (35.4%)
院子	15 (57.1%)	11 (42.9%)
四合院	1 (33.3%)	2 (66.7%)

	里	里面/里边/里头
厂	11 (64.7%)	6 (35.3%)
工厂	10 (47.6%)	11 (52.4%)
XX 厂	0 (0%)	2 (100%)

	里	里面/里边/里头
院	7 (70%)	3 (30%)
医院	24 (48%)	26 (52%)

上面几组例子有一个共同的特点：当 NP 为单音节时，与单音节方位词"里"的组配都占较大优势。而当 NP 换成基本同义的双音节名词时，与"里"的组配频率下降，与"里面/里边/里头"的组配频率上升，与双音节方位词"里面/里边/里头"的组配更占优势。当 NP 为三音节或四

音节时,与"里"的组配频率进一步下降,与"里面/里边/里头的组配频率进一步上升。可见,单音节 NP 倾向于与单音节方位词"里"组配,双音节尤其是多音节 NP 倾向于与双音节方位词"里面/里边/里头"组配。

单双音节"里"类方位词与 NP 的这一组配特点与汉语的韵律节奏有关。根据冯胜利(1995),双音节音步是汉语的最小、最基本的"标准音步",有时候三音节也可以构成一个超音步,但超音步不是汉语的基本音步,一般情况下,标准音步有着绝对优先的实现权。因此,"单音节 NP +里"组成了一个"1 + 1"标准音步,这种"1 + 1"的组合显然比与双音节方位词结合成的"2 + 1"的组合更符合汉语的韵律特点,因而使用频率更高。而 NP 为双音节时,与"里面/里边/里头"组成"2 + 2"的音节模式,是两个标准音步,也更符合汉语的韵律节奏。

而当 NP 为三音节或四音节以上时,"3 + 2"或"4 + 2"的音节组合当然比"3 + 1"或"4 + 1"的音节组合更稳定,因而双音节方位词"里面/里边/里头"的使用频率更高。

(五)语体因素

"里面/里边/里头"是双音节,语气舒缓,口语色彩浓;"里"是单音节,简练紧凑,既可以用于口头语体,也可以用于书面语体。因此在书面语体中,与 NP 组配一般多用"里",在口头语体中,与 NP 组配可以用"里",也可以用"里面/里边/里头"。

三、方位短语"NP 里"与"NP 里面/里边/里头"的性质差异

"NP 里"与"NP 里面/里边/里头"在结构性质上不同:NP 与"里"组成的方位短语内部结合紧密,中间不能插入别的成分,是粘合式方位短

语；而 NP 与 "里面/里边/里头" 组成的方位短语内部结合松散一些，中间常常可以插入结构助词 "的"，是组合式方位短语。如：

房间里　 →＊房间的里

房间里头→ 房间的里头

塔里　　 →＊塔的里

塔里边　 → 塔的里边

大门里　 →＊大门的里

大门里面→ 大门的里面

不过，经过考察，我们发现，也并不是所有的 "NP 里面/里边/里头" 都可以加 "的"，一般来说，主要是表定向性的 NP 与 "里面/里边/里头" 之间可以插入 "的"。"NP＋里面/里边/里头" 表实体空间，强调与 "外面" 相对时才有可能加 "的"，这一类 NP 多为建筑物类、划界物类或可容物类 NP，如：

(241) 他本意倒是想超脱自己，结果反而把自己造到了塔的<u>里面</u>出不来了。

(242) 木箱上摆着寥寥几本书。在一盏油灯的微弱灯光下往窑洞的<u>里边</u>看，还有几个同一类型的木箱。

(243) 不，他们还要在炮楼的旁边，铁丝网的<u>里头</u>盖起住人的房来，连厨房厕所都要盖。

(244) 我把手伸到一个纸板箱的<u>里面</u>，摸到了一件东西。一个锡皮午餐盒！

NP 和"里面/里边/里头"之间插入"的"时，"里面/里边/里头"的界线意义得到进一步强调。

"里面/里边/里头"表"泛向性"时，不表实体空间时，"NP＋里面/里边/里头"之间一般不能加"的"，如下面例句中的 NP 和"里面/里边/里头"之间都不能插入"的"：

(245) 不过，现在，我觉得好像好多了似的。嗯，年轻人<u>里头</u>不太讲究这个。

(246) 你比如像确实像那个《西安事变》啦，像这样儿好的片子，你像电影<u>里面儿</u>那时候那个，嗯，《少帅传奇》啦，确实同学们爱看。

四、与 NP 组合时"里""里面/里边/里头"表意功能的差异

表 3-5 是与 NP 组合时，"里""里面/里边/里头"的表意功能比较。

由于"里""里面/里边/里头"与 NP 的组配能力不同，因此，"里"与"里面/里边/里头"的表意功能也有差异。"里面/里边/里头"与实体类 NP 的组配能力强，因此多用于表示具体空间。此外"里面/里边/里头"与数量词语、群体集合类 NP 的组配能力比"里"强，所以表示集合范围的能力也比"里"强。由于与抽象类及时间类 NP 组配受限，因此"里面/里边/里头"表示抽象范围、表示时间的能力不如"里"。

表 3 - 5　与 NP 组合时"里""里面/里边/里头"表意功能比较

表意功能 方位词	表具体空间	表集合范围	表抽象范围	表时间
里面/里边/里头	+	+	(+)	(+)
里	+	(+)	+	+

注:"+"表示功能较强,"(+)"表示功能受限。

第四节　双音节方位词"里面""里边""里头"的使用差异

在前面的讨论中,我们是把双音节的"里"类方位词作为一个整体来讨论的,但实际上,双音节的"里面""里边""里头"在使用上还是存在一些细微的差异。

一、凸显参照物空间特征上的差异

"里面""里头""里边"对参照物空间特征的凸显功能不同。

用"里边",凸显的是参照物的一维的界线特点,如:

(247) 他离开破墙看好了前面的一个门口,紧忙着跨了几步,又隐蔽在门口的里边。

(248) 封锁沟沿上有铁丝网,在大道的两旁,有二鬼把门的两个高大炮楼,就在封锁沟的里边,紧贴着大道,有一间小房。

(249) 我们先看一下它记录到什么东西,这就是当时的原始的记录,大家看横的线<u>里边</u>，就是当时的一个原始的记录，那么设计这个天线的人，叫作休依什。

上面例句中的参照物"门口""封锁沟""横的线"等都是一维的线性参照物，后面的方位词用"里边"可以凸显这一界线特点。

当要凸显参照物的二维的平面特点时，一般多用"里面"，如：

(250) 光擦一面的玻璃等于没擦。我不敢去擦<u>里面</u>，不知这间门窗紧闭的小屋里躺着怎样可怕的怪物。

(251) 把暖瓶中的热水倒进两个茶杯里，上面分别盖上两种不同的塑料薄膜，一刻钟以后，普通塑膜<u>里面</u>挂满了小水珠，好像蒙上了一层雾。

上面例句中的参照物"玻璃""普通塑膜"都是二维的平面物体，这时后面的方位词宜用"里面"。

用"里头"凸显的是参照物三维的容器特点，如：

(252) 轿子呼扇呼扇往前走，"新媳妇"在轿<u>里头</u>端坐。

(253) 我就说这一项，在和珅家里那个夹墙<u>里头</u>，和司库<u>里头</u>，抄出黄金三万二千两。

(254) 以猪头肉作坊的老板说，炕<u>里头</u>就埋着七八百油腻很厚的洋钱。

当人们看到"轿里头""夹墙里头""司库里头""炕里头"时，脑海里凸显出来的是参照物的三维容器特点。

二、后置句法功能的差异

从表3-6中可以看出：

不管是在书面语体还是口头语体中，"里头"都以后置使用为主。在口头语体中，后置比率最高，为95.2%；在书面语体中，后置比率为77.6%，远远超出"里面""里边"的后置比率。

"里面""里边"的后置率较"里头"低。而且，与"里头"不同的是，"里面""里边"虽然在口头语体中以后置为主，但是在书面语体中都以单用为主，后置率只有20%左右。

不管是在口头语体还是书面语体中，后置率由高到低依次是："里头"→"里面"→"里边"。

表3-6 "里面""里边""里头"句法功能比较

方位词及句法分布 \ 语体		口头语体（200万字）	书面语体（300万字）
里面	单用	6（8.3%）	99（76.2%）
	后置	66（91.7%）	31（23.8%）
里边	单用	76（14.2%）	18（78.3%）
	后置	461（85.8%）	5（21.7%）
里头	单用	43（4.8%）	11（22.4%）
	后置	851（95.2%）	38（77.6%）

三、语体色彩的差异

虽然与单音节的"里"相比,双音节的"里面/里边/里头"的口语性强,不过,在"里"类双音节方位词内部,口语性的强弱还是存在一定的差别的。

表3-7是我们在500万字的语料中得到的有关统计数据。

表3-7 "里面""里边""里头"在各语体中的使用率

语体 / 方位词	口头语体 (200万字)	文艺语体 (100万字)	新闻语体 (100万字)	科技语体 (100万字)
里面	72	98	13	19
里边	537	18	3	2
里头	894	48	1	0

从表3-7可以看出:

在口头语体中,"里头"的使用率最高,有894例,其次是"里边"有537例。"里面"在口头语体中的使用率最低,只有72例。

在书面语体中,"里面"的使用率最高。不管是在文艺语体、新闻语体还是科技语体中,"里面"的使用率都是最高的。"里边""里头"在书面语体中的使用率比较低。与在口头语体中不同的是,书面语体中"里头"的使用率是最低的,在科技语体中甚至没有出现"里头"。这里需要说明的是"里头"在文艺语体中的用例。文艺语体中由于有一些小说口语性较强,所以"里头"的用例比"里边"多一些(主要是"心里头",用例数为26),但在书面性更强的新闻语体和科技语体中,"里头"的用例是最少的。

因此，从语体差异来说，在口头语体中倾向于用"里头"，在书面语体中倾向于用"里面"。在双音节方位词内部，"里头"的口语性最强，而"里面"的书面性较强，从"里头"→"里边"→"里面"，口语性逐渐减弱，书面性逐渐增强。

四、儿化情况的差异

在口语中，"里边""里面""里头"都有儿化的情况，如：

(255) 我说什么来着，我说什么来着？我就知道，这里边儿准有问题。

(256) 像我们那胡同口儿那点儿就是，院子里头儿比地面低一点儿的，下了台阶儿是往下走。

(257) 有时候儿他们就是这些外宾到我们班里面儿去听课。

但"里面""里头"儿化较少，"里边"经常儿化。定量统计的结果显示，200万字的口语语料中，"里边儿"有477例，"里头儿"只有17例，"里面儿"更少，只有10例。书面语料中，"里面""里头"没有儿化的用例，"里边"儿化的只有一例，而且是在对话中。

另外值得注意的是，虽然双音节的"里面/里边/里头"都有儿化的用例，但单音节的"里"是不能儿化的。

第五节　本章小结

表3-8、表3-9是"里"与"里面/里边/里头"句法、语义功能的比较。

表3-8　"里"与"里面/里边/里头"的句法功能比较

功能 ＼ 方位词		里	里面/边/头
单用	作介词宾语	（+）	+
	作主语	（−）	+
	作宾语	（−）	+
	作定语	（−）	+
	作"V介"宾语	−	+
	作状语	−	+
	作中心语	−	+
后置于 X	X 为代词	−	+
	X 为"的"字结构	−	+
	X 为数量词	+	+
	X 为 VP	+	（−）
	X 为 AP	+	（−）
后置于 NP	建筑物类 NP	+	+
	划界物类 NP	（+）	+
	可容物类 NP	+	+
	身体部位类 NP	+	+

功能	方位词	里	里面/边/头
后置于 NP	地域地形类 NP	+	+
	区划机构类 NP	+	+
	非离散物类 NP	+	（＋）
	群体集合类 NP	+	+
	抽象事物类 NP	+	（＋）
	时间类	+	（＋）

表 3-9 "里"与"里面/里边/里头"的表意功能比较

方位词	表意功能 表具体空间	表集合范围	表抽象范围	表时间	表状态
里面/边/头	+	+	（＋）	（＋）	（－）
里	+	（＋）	+	+	+

注："＋"表示能力较强，"（＋）"表示能力受限，"（－）"表示能力极弱，"－"表示一般没有这种能力。

结合本章前面的考察及表 3-8、表 3-9，我们把本章的内容做如下小结：

一、"里""里面/里边/里头"在句法、语义等方面的分工主要表现在：

1. "里面/里边/里头"单用的句法功能强。"里面/里边/里头"可以在句中比较自由地充当主语、宾语、介词宾语、"V 介"的宾语、定语、状语、中心语。而"里"单用时最主要的功能是充当介词"往"（或"向""朝"）的宾语，不能作介词"在""从"的宾语。偶尔可以作主语、

宾语、定语,但都限于与"外"配对使用的情况,"里"也不能作"V
介"宾语、状语、中心语。

"里"单独充当句法成分时只能表示具体空间,不能表示集合范围。
"里面/里边/里头"单独充当句法成分时多表示具体空间,也可以表示集
合范围。

2. "里"可以与VP、AP组成方位短语表示状态,但"里面/里边/里
头"极少与VP、AP组成方位短语。

3. "里面/里边/里头"常与代词组成方位短语,还可以与"的"字结
构组成方位短语,表示具体空间或范围,"里"没有这种用法。

此外,"里"与"里面/里边/里头"的儿化情况也不一样。表示方
位,"里"不能儿化,"里面/里边/里头"可以儿化。

二、"里""里面/里边/里头"的纠结主要表现在与NP组成方位短语
时,"里""里面/里边/里头"与NP组合时在组配对象、表意功能上既有
纠结又有倾向性的分工。

1. "里""里面/里边/里头"都可以与NP组配,但是在组配对象上
存在一定的倾向性:

"里面/里边/里头"与划界物类、群体集合类NP的组配能力强,
"里"与非离散物类、抽象事物类、时间类NP的组配能力强,而在与建筑
物类、可容物类、身体部位类、地域地形类、区划机构类NP组配时,
"里"和"里面/里边/里头"的能力相差不大。

2. "里""里面/里边/里头"与NP的组配主要受到以下五个因素的
制约:

一是NP的空间属性。"里面/里边/里头"倾向于与空间性强、边界明

确的 NP 组配。NP 的实体空间性越强，边界越明确，"里面/里边/里头"与之组配的能力越强"；NP 的实体空间性越弱，越倾向于与"里"组配。所以"里面/里边/里头"与建筑类、可容物类、划界物类 NP 的组配能力强，而与抽象类、时间类 NP 的组配能力弱。

二是"里""里面/里边/里头"的表意特点。在语义表达上，"里面/里边/里头"强调在界线内部，强调界限性、区分性；"里"表示在整体范围内，更注重整体性、范围性。当要强调 NP 的界限性时，用"里面/里边/里头"，当要强调 NP 的整体性时，用"里"。空间外延明确，边界清晰的 NP 易于与"里面/里边/里头"组配，当 NP 的边界模糊，但作为一个整体仍然清楚时，则倾向于与"里"组配。

三是 NP 与目的物的空间关系。当 NP 与目的物是抽象的空间关系时，倾向于与"里"组配。用"里面/里边/里头"时，NP 与目的物的空间关系多为具体的空间关系。

四是韵律因素。虽然吕叔湘（1965）等人认为，用单音节还是双音节与名词的音节数似乎没有多少关系，但是定量统计的结果显示，在口头语体中，用"里"还是"里面/里边/里头"，与名词的音节数之间存在一定的倾向性。当 NP 为单音节时，多与"里"组配；当 NP 为双音节时，用"里""里面/里边/里头"都可以；当 NP 为多音节时，多用"里面/里边/里头"。

五是语体因素。"里面/里边/里头"口语性强，在口头语体中，与 NP 组配，用"里""里面/里边/里头"都很常见。但在书面语体，与 NP 组配绝大多数用"里"。

3. 在表意功能上，"里""里面/里边/里头"也是既有纠结又有倾向性的分工。"里""里面/里边/里头"都可以表示实体空间,此外,"里面/里边/里头"表示集合范围的能力比"里"强,而"里"表示抽象范围和时间的能力比"里面/里边/里头"强。

此外,从组合的性质看,"NP 里"中间不能插入别的成分,是粘合式方位短语,"NP 里面/里边/里头"中间常常可以插入结构助词"的",是组合式方位短语。

本章最后还讨论了"里面""里头""里边"在使用上的细微差异。三者在凸显参照物空间特征、后置句法功能、语体色彩及儿化能力几个方面存在一定差异。"里边"可以凸显参照物的一维线性特点,"里面"可以凸显参照物的二维平面特点,"里头"可以凸显参照物的三维容器特点。在语体色彩上,"里面"的书面语色彩比"里边""里头"强,"里头"的口语性最强。

第四章

"里""里面/里边/里头"使用情况的定量考察

在前一章中，我们主要对"里""里面/里边/里头"在句法语义上的纠结与分工进行了静态分析，在这一章里，我们将对"里""里面/里边/里头"在真实语篇中的使用情况做一个动态考察。在定量统计的基础上对前一章的结论进行验证和补充。

第一节　语料概况

我们自建了一个 600 万字的语料库，其中口头语体 200 万字，书面语体 400 万字。书面语体中文艺语体、新闻语体、科技语体、法规语体各 100 万字。语料来源见第一章相关说明。

第二节　"里""里面/里边/里头"总体使用情况

一、使用频率

表 4-1 是"里"和"里面/里边/里头"使用频率的定量统计。在

600万字的语料中,我们搜集到单音节方位词"里"的使用例句共6331例,双音节方位词"里面""里边""里头"的使用例句1698例。从表中可以看出,单音节方位词"里"的使用比例占78.85%,是双音节方位词"里面/里边/里头"的3倍多。总体来讲,"里"的使用频率比"里面/里边/里头"高得多。

表4-1 "里""里面/里边/里头"使用频率的定量统计

	数量	比例	使用频率（千字使用率）
里	6331	78.85%	1.06‰
里面/里边/里头	1698	21.15%	0.28‰

二、语体分布

"里"与"里面/里边/里头"在各类语体中的使用数据见表4-2。

表4-2 "里""里面/里边/里头"在各类语体中的使用频率统计

方位词 语体	里			里面/里边/里头		
	数量	百分比	千字率	数量	百分比	千字率
口头语体	2296	60.55%	1.148	1496	39.45%	0.748
书面语体 文艺语体	3136	95.03%	3.136	164	4.97%	0.164
书面语体 新闻语体	680	97.56%	0.680	17	2.44%	0.017
书面语体 科技语体	218	91.21%	0.221	21	8.79%	0.021
书面语体 法规语体	1	100%	0.001	0	0%	0

从表4-2中可以看出:

1. 在各类语体中,"里"的使用频率都超过"里面/里边/里头"。

2. 语体对"里""里面/里边/里头"的使用有很大影响。方位词"里""里面/里边/里头"在口头语体和书面语体中的使用情况有显著差异：在各类书面语体中，"里"的使用都占绝对优势，使用比例在90%以上，"里面/里边/里头"的使用比例则很低，不到10%；但是在口头语体中，"里面/里边/里头"的使用比率却骤然增加，占到39.45%，"里"的使用比例比双音的"里面/里边/里头"略多一点，为60.55%。也就是说，在书面语体中，以使用单音节方位词"里"为主，而在口头语体中，"里""里面/里边/里头"都很常见，"里"比"里面/里边/里头"稍多一点。

3. "里"在各类语体中的使用遵循如下的优先序列：文艺语体 > 口头语体 > 新闻语体 > 科技语体 > 法律语体。"里"在文艺语体中的使用频率最高，千字使用率为3.136；其次是口头语体，千字使用率为1.148；再次是新闻语体，千字使用率为0.680；科技语体中的使用频率又比新闻语体低，千字使用率仅为0.221；而在法律语体中，"里"几乎不出现。"里"在文艺语体中的使用频率高，说明其具有书面语色彩，而在科技语体及法律语体中的使用频率低，说明"里"还是具有一定的口语色彩。

4. "里面/里边/里头"在各类语体中的使用则遵循如下的优先序列：口头语体 > 文艺语体 > 新闻语体、科技语体。与"里"不同的是，"里面/里边/里头"在口头语体中的使用频率最高，千字使用率为0.748；其次是文艺语体，千字使用率为0.164；再次是新闻语体和科技语体，千字使用率分别为0.017和0.021；"里面/里边/里头"在法律语体中没有出现。从这个优先序列中我们可以看到，双音节方位词"里面/里边/里头"的口语性很强。材料的口语化程度越高，双音节方位词"里面/里边/里头"的使用频率也越高。

5. 在法律语体中,"里"与"里面/里边/里头"基本不出现(唯一的一例是"家里")。原因在于,在各类语体中,法律语体的书面性最强。"里面/里边/里头"口语性强,不适合,而"里"虽然比"里面/里边/里头"书面性强,但与"内""中"相比,"里"还是带有一定的口语性,因此在法律语体中,"里"也基本不使用。

由于方位词"里""里面/里边/里头"在书面语体和口头语体中存在显著区别,接下来我们对"里"与"里面/里边/里头"的动态考察需要考虑到语体因素,分书面语体和口头语体两方面来讨论。由于"里面/里边/里头"在新闻语体和科技语体中的使用频率极低,"里""里面/里边/里头"在法律语体中基本不出现,因此下面我们考察的书面语体主要是文艺语体,新闻语体、科技语体、法律语体不再列入考察范围。

三、句法分布

在关于单双音节方位词使用区别的讨论中,学者们普遍认为单音节方位词是后置的,只在一定条件下才单用,而双音节方位词则是自由的,既可以后附,也可以单用。然而,单音节方位词单用的比例如何,双音节方位词后置的比例怎样,在各类语体中的使用情况是否一样?这些都缺乏统计数据的支持。为此,我们统计了300万字的语料,其中口头语体200万字,书面语体100万字,定量考察"里""里面"的单用和后附情况。

表4-3是"里""里面/里边/里头"在不同语体中的句法分布情况统计。

表4-3 "里""里面/里边/里头"在不同语体中的句法分布情况统计

语体 方位词及句法分布		口头语体		书面语体	
		数量	比例	数量	比例
里面	单用	40	1.99%	26	0.96%
	后置	1975	98.01%	2680	99.04%
里面/边/头	单用	118	7.9%	105	64%
	后置	1378	92.1%	59	36%

注:"后置"指后置组成方位短语的情况,不包括后置构词的情况。

从表4-3可以看出:

1. 单音节方位词"里"是粘着定位的。不管是在书面语体还是口头语体中,"里"都是以后置使用为主,后置比例都在98%以上,单用比例都很小,不到2%。

2. 双音节方位词"里面/里边/里头"是自由不定位的。但是语体对"里面/里边/里头"的句法分布有很大影响。"里面/里边/里头"单用和后置的比例在书面语体和口头语体中有显著差异:在书面语体中,"里面/里边/里头"以单用为主,比例为64%,后置比例为36%。但是在口头语体中,情况却正好相反,"里面/里边/里头"后置比例很高,为92.1%,而单用的比例很小,只占7.9%。

因此,关于单音节方位词"里"与双音节方位词"里面/里边/里头"的自由与粘着情况,这样的表述应该是比较符合实际的:单音节方位词"里"是粘着定位的,不管是在书面语体还是口头语体中,后置用法都占绝对优势;双音节方位词"里面/里边/里头"相对来说比较自由,在书面语体中以单用为主,但是在口头语体中,以后置为主。

第三节 "里""里面/里边/里头"单用能力的定量考察

一、口头语体中"里""里面/里边/里头"的单用情况

表4-4是"里""里面/里边/里头"在口头语体中单用情况的定量统计。

表4-4 口头语体中"里""里面/里边/里头"单用情况统计

所作句子成分 方位词及用例数		主语	宾语	介宾	定语	状语	"V介" 宾语	中心语
里40	对举4	2	2	0	0	0	0	0
	连用12	10	0	0	2	0	0	0
	其他24	0	0	24	0	0	0	0
里面/边/头	118	42	16	21	8	7	21	3

从上表可以看出,在口头语体中:

1. "里面/里边/里头"比"里"单用能力强。"里"只有40例,而"里面/里边/里头"有118例,几乎是"里"的3倍。

2. "里"单用充当句法成分的优先序列是:介词宾语 > 主语 > 定语 > 宾语。"里"最主要的句法功能是充当介词宾语,有24例,几乎占"里"单用总数的70%。充当主语、宾语、定语的数量不多,而且都必须是在"里""外"对举或连用的情况下。"里"没有充当状语、"V介"宾语、中心语的用例。

3. "里面/里边/里头"单用充当句法成分的优先序列是：主语 > 介词宾语、"V 介"宾语、宾语 > 定语、状语、中心语。"里面/里边/里头"单用时不必"里""外"对举或连用。最主要的句法功能是充当主语，有 42 例，占"里面/里边/里头"使用总数的 30% 左右，其次是充当介词宾语、"V 介"宾语、宾语，此外，还可以充当定语、状语和中心语。

4. "里""里面/里边/里头"充当介词宾语的数量差不多，但是，在充当介词宾语时，"里""里面/里边/里头"有一定的分工。"在""从"的宾语只能由"里面/里边/里头"充当，"往""朝""向"的宾语多由"里"充当。

二、书面语体中"里""里面/里边/里头"的单用情况

表 4-5 是"里""里面/里边/里头"在书面语体中单用情况的定量统计。

表 4-5　书面语体中"里""里面/里边/里头"的单用情况统计

所作句子成分 方位词及用例数		主语	宾语	介宾	定语	状语	"V 介" 宾语	中心语
里 26	对举 4	3	1	0	0	0	0	0
	连用 6	1	1	0	4	0	0	0
	其他 16	0	0	16	0	0	0	0
里面/边/头	105	45	8	23	19	2	6	2

从上表可以看出，在书面语体中，"里""里面/里边/里头"单用的情况与在口头语体中类似：

1. "里面/里边/里头"单用能力比"里"强。"里"只有 26 例，而

"里面/里边/里头"有105例，是"里"的4倍多。

2. "里"单用充当句法成分的优先序列是：介词宾语 > 定语 > 主语 > 宾语。"里"最主要的句法功能是充当介词宾语，有16例，占"里"单用总数的60%以上。充当主语、宾语、定语的数量不多，而且都必须是在"里""外"对举或连用的情况下。没有充当状语、"V介"宾语、中心语的用例。

3. "里面/里边/里头"单用充当句法成分的优先序列是：主语 > 介词宾语、定语 > 宾语、"V介"宾语 > 状语、中心语。"里面/里边/里头"单用时不必"里""外"对举或连用。最主要的句法功能是充当主语，有45例，占"里面/里边/里头"使用总数的40%以上，其次是充当介词宾语、定语、宾语、"V介"宾语，此外，还可以充当状语和中心语。

4. "里""里面/里边/里头"充当介词宾语的数量相差不多。但是，在充当介词宾语时，"里""里面/里边/里头"有一定的分工。"在""从"的宾语只能由"里面/里边/里头"充当，"往""朝""向"的宾语多由"里"充当。

三、"里""里面/里边/里头"单用的总体情况

表4-6是"里""里面/里边/里头"在书面语体和口头语体中单用的总体情况统计。

表4-6 "里""里面/里边/里头"单用的总体情况统计

方位词及用例数 \ 所作句子成分		主语	宾语	介宾	定语	状语	"V介"宾语	中心语
里66	对举8	5	3	0	0	0	0	0
	连用18	11	1	0	6	0	0	0
	其他40	0	0	40	0	0	0	0
里面/边/头	223	87	24	44	27	9	27	5

从表4-6可以看出:

1. 不管是在口头语体还是书面语体中,"里面/里边/里头"单用能力都比"里"强。从总数来说,"里"只有66例,而"里面/里边/里头"有223例,是"里"的3倍多。

2. "里"单用充当句法成分的优先序列是:介词宾语 > 主语 > 定语 > 宾语。"里"最主要的句法功能是充当介词宾语,有40例,几乎占"里"单用总数的70%。充当主语、宾语、定语的数量不多,而且都必须是在"里""外"对举或连用的情况下。"里"没有充当状语、"V介"宾语、中心语的用例。

3. "里面/里边/里头"单用充当句法成分的优先序列是:主语 > 介词宾语 > 定语、"V介"宾语、宾语 > 状语、中心语。"里面/里边/里头"单用时不必"里""外"对举或连用。最主要的句法功能是充当主语,有87例,占"里面/里边/里头"使用总数的30%左右,其次是充当介词宾语、"V介"宾语、宾语,此外,还可以充当状语和中心语,其中充当定语中心语3例,状语中心语2例。

4. "里""里面/里边/里头"充当介词宾语的数量差不多,但是,在充当介词宾语时，"里""里面/里边/里头"有一定的分工。"在""从"的宾语只能由"里面/里边/里头"充当，"往""朝""向"的宾语多由"里"充当。

"里"没有充当"在""从"的宾语的用例，都是充当"往""朝""向"的宾语。其中"往里"32例，"朝里"7例，"向里"1例；"里面/里边/里头"主要是充当"在""从"的宾语，其中"在里面/里边/里头"23例，"从里面/里边/里头"12例，其次是充当"往""朝""向"的宾语，"往里面/里边/里头"6例，"朝里面/里边/里头"2里，"向里面/里边/里头"1例。

第四节　"里""里面/里边/里头"后置使用情况的定量考察

一、口头语体中"里""里面/里边/里头"后置使用情况

表4-7是口头语体中"里""里面/里边/里头"后置于 X 使用的定量统计。

表4-7　口头语体中"里""里面/里边/里头"后置于 X 使用的定量统计

方位词 ＼ X	名词	代词	"的"字结构	数量词	动词	形容词	总计
里	1967			1	2	5	1975
里面/头/边	1226	142	1	8	1		1378

从上表可见：

1. 在口头语体中，"里"后置使用 1975 例，"里面/里边/里头"后置使用 1378 例，"里"后置使用的数量比"里面/里边/里头"稍多。

2. "里"与 X 组成方位短语的优先序列是：X 为名词 > X 为形容词、动词、数量词；名词占绝对优势，有 1967 例，其次是形容词、动词、数量词，分别为 5 例、2 例、1 例。

3. "里面/里边/里头"与 X 组成方位短语的优先序列是：X 为名词 > X 为代词 > X 为数量词 > X 为"的"字结构、动词。与名词组成方位短语的数量最多，有 1226 例，其次是代词 142 例，数量词 8 例，"的"字结构、动词各 1 例。

二、书面语体中"里""里面/里边/里头"后置使用情况

表 4－8 是书面语体中"里""里面/里边/里头"后置于 X 使用的定量统计。

表 4－8　书面语体中"里""里面/里边/里头"后置于 X 使用的定量统计

方位词＼X	名词	代词	"的"字结构	数量词	动词	形容词	总计
里	2665			1	8	6	2680
里面/头/边	46	13					59

从表 4－8 可见：

1. 在书面语体中，"里""里面/里边/里头"后置使用的数量悬殊，"里"有 2680 例，"里面/里边/里头"只有 59 例。

2. 在书面语体中，"里"与 X 组成方位短语的优先序列是：X 为名词 > X 为动词、形容词、数量词。名词占绝对优势，有 2665 例，其次是动词、形容词、数量词，分别为 8 例、6 例、1 例。

3. 在书面语体中，"里面/里边/里头"与 X 组成方位短语的优先序列是：X 为名词 > X 为代词。与名词组成方位短语的数量最多，有 46 例，其次是代词，数量也不少，有 13 例。

三、"里""里面/里边/里头"后置使用的总体情况

表 4-9 是"里""里面/里边/里头"在书面语体和口头语体中后置使用的总体情况统计。

表 4-9 "里""里面/里边/里头"后置于 X 使用的总体情况统计

方位词＼X	名词	代词	"的"字结构	数量词	动词	形容词	总计
里	4632			2	10	11	4655
里面/头/边	1272	155	1	8	1		1437

从表 4-9 可以看出：

1. 不管是在口语语体还是书面语体中，"里"与"里面/里边/里头"最主要是与名词组成方位短语，但"里"的用例远远超过"里面/里边/里头"。

2. "里"可以和动词、形容词组成方位短语，"里面/里边/里头"没有与形容词组配的，动词组配仅在口语中有 1 例。

3. "里面/里边/里头"也常常与代词组成方位短语，一共有 155 例，"里"没有这个用法。

4.“里面/里边/里头”与“的”字结构组成方位短语的有 1 例，“里”没有这个用法。

5. 从总体情况看，“里”与 X 组成方位短语的优先序列是：X 为名词 > X 为形容词、动词 > X 为数量词。与名词组成方位短语的数量最多，有 4632 例，其次是形容词、动词，分别为 11 例、10 例，数量词 2 例。

6.“里面/里边/里头”与 X 组成方位短语的优先序列是：X 为名词 > X 为代词 > X 为数量词 > X 为“的”字结构、动词。与名词组成方位短语的数量最多，有 1272 例，其次是代词 155 例，数量词 8 例，“的”字结构、动词各 1 例。

第五节　“里”“里面/里边/里头”与 NP 组配情况的定量考察

一、口头语体中“里”“里面/里边/里头”与 NP 组配情况

表 4 - 10 是口头语体中“里”“里面/里边/里头”与 NP 组配情况的定量统计。

表 4 - 10　口头语体中“里”“里面/里边/里头”与 NP 的组配情况统计

方位词 NP 类别	里		里面/里边/里头	
	数量	比例	数量	比例
建筑物类	280	55.89%	221	44.11%
划界物类	5	23.81%	16	76.19%
可容物类	96	53.04%	85	46.96%

续表

方位词 NP 类别	里		里面/里边/里头	
	数量	比例	数量	比例
地域地形类	47	59.49%	32	40.51%
身体部位类	98	52.97%	87	47.03%
区划机构类	349	50.58%	341	49.42%
非离散类	14	60%	9	40%
群体集合类	23	32.39%	48	67.61%
抽象事物类	86	63.24%	50	36.76%
时间类	60	67.42%	29	32.58%
家	809	72.43%	308	27.57%
总计	1967	61.61%	1226	38.39%

注：由于受口语话题的影响，"家里"的使用频率极高，所以把"家"与"里""里面/里边/里头"的组配单列出来。

从表 4－10 可以看出：

1. 有三类 NP 与"里"的组配比例明显高于"里面/里边/里头"，即时间类、抽象事物类和非离散类。时间类 NP 与"里"的组配比例是 67.42%，与"里面/里边/里头"的组配比例是 32.58%；抽象事物类 NP 与"里"的组配比例是 63.24%，与"里面/里边/里头"的组配比例是 36.76%；非离散类 NP 与"里"的组配比例是 60%，与"里面/里边/里头"的组配比例是 40%。

2. 有两类 NP 与"里面/里边/里头"的组配比例明显高于"里"：划界物类、群体集合类 NP。划界物类 NP 与"里面/里边/里头"的组配比例是 76.19%，与"里"的组配比例只有 23.81%；群体集合类 NP 与"里面

/里边/里头"的组配比例是 67.61%，与"里"的组配比例只有 32.39%。

3. 有四类 NP 与"里""里面/里边/里头"的组配比例相差不太大，分别是：建筑物类、可容物类、身体部位类、区划机构类。其中，"里"的组配比例略高于"里面/里边/里头"。

4. 与"里"组配的 NP 的优先序列是：建筑物类、区划机构类、可容物类、身体部位类＞抽象事物类、时间类、地域地形类＞群体集合类、非离散类、划界物类。

5. 与"里面/里边/里头"组配的 NP 的优先序列是：建筑物类、区划机构类、可容物类、身体部位类＞群体集合类、抽象事物类、地域地形类＞非离散类、划界物类、时间类。

二、书面语体中"里""里面/里边/里头"与 NP 组配情况

表 4-11 是书面语体中"里""里面/里边/里头"与 NP 组配情况的定量统计。

表 4-11　书面语体中"里""里面/里边/里头"与 NP 的组配情况统计

方位词　　　　 NP 类别	里		里面/里边/里头	
	使用频率	比例	使用频率	比例
建筑物类	863	99.42%	5	0.58%
划界物类	31	93.94%	2	6.06%
可容物类	471	98.95%	5	1.05%
地域地形类	150	100%	0	0%
身体部位类	328	91.62%	30（心里头 27）	8.38%
区划机构类	289	100%	0	0%

方位词 NP 类别	里		里面/里边/里头	
	使用频率	比例	使用频率	比例
非离散类	71	100%	0	0%
群体集合类	29	96.67%	1	3.33%
抽象事物类	190	98.45%	3	1.55%
时间类	143	100%	0	0%
家	323	100%	0	0%
总计	2665	98.3%	46	1.7%

从上表中可以看出：

1. 在书面语体中，"里"与各类 NP 的组配都占绝对优势，"里面/里边/里头"的使用比例极低。

2. 在书面语体中，与"里"组配的 NP 的优先序列是：建筑物类、区划机构类、可容物类、身体部位类 > 抽象事物类、时间类、地形类 > 非离散类、划界物类、群体集合类。

3. 在书面语体中，与"里面/里边/里头"组配的 NP 的类别比"里"要少得多。主要是与建筑物类、可容物类、身体部位类 NP 组配，其次是与抽象事物类、划界物类、群体事物类 NP 组配。

4. 在口头语体中有"家"与"里面/里边/里头"组配的例句 300 条，但在书面语体中 1 例都没有。

三、"里""里面/里边/里头"与 NP 组配的总体情况

1. "里""里面/里边/里头"与 NP 的组配受语体的影响很大。

在口头语体中，"里""里面/里边/里头"与 NP 的组配都很多。"里"

与 NP 的组配占 61.61%，"里面/里边/里头"占 38.39%。而在书面语体中，"里"与 NP 的组配占绝对优势，比例为 98.3%。"里面/里边/里头"与 NP 的组配很少，比例仅为 1.7%。此外，在书面语体中与"里面/里边/里头"组配的 NP 的类别比口头语体少。

2. 不管在书面语体还是口头语体中，抽象事物类、时间类、非离散类 NP 都倾向于与"里"组配。

3. 不管在书面语体还是口头语体中，与"里面/里边/里头"组配最多的都是建筑物类、可容物类、身体部位类 NP。群体集合类、划界物类事物在口头语体中倾向于与"里面/里边/里头"组配，但在书面语体中没有这种组配优势。

第六节　本章小结

本章主要对"里""里面/里边/里头"的使用情况做定量考察，在定量统计的基础上对前一章的结论进行验证和补充。

在使用频率上，"里"的使用频率远远高于"里面/里边/里头"。600万字语料中，"里"有 6330 例，占 78.78%；"里面/里边/里头"只有 1705 例，仅占 21.22%。

在语体分布上，"里""里面/里边/里头"有比较大的区别。在书面语体中，以使用"里"为主，"里"的使用频率比"里面/里边/里头"高很多，90% 以上都是用"里"。在口头语体中，"里""里面/里边/里头"都很常见，"里"的使用频率略高于"里面/里边/里头"，"里"占

59.44%，"里面/里边/里头"占40.56%。

在句法分布上，"里"是粘着定位的。不管是在口头语体还是书面语体中，"里"后置使用的比例都在98%以上。"里面/里边/里头"是自由不定位的，在书面语体中以单用为主，比例为64%，在口头语体中以后置为主，后置比例为92.1%。

在单用能力上，"里"远不如"里面/里边/里头"。从数量上看，"里面/里边/里头"的数量是"里"的3倍多。从功能上看，"里面/里边/里头"最主要的句法功能是作主语，占30%左右，其次是充当介词宾语、定语、"V介"宾语、宾语，此外，还有充当状语和中心语的用例。而"里"单用时最主要的句法功能是作介词宾语，占单用总数的70%以上，作主语、宾语的数量比较少，而且必须是在对举或连用的格式中，作定语只能用于连用的格式中，"里"没有充当"V介"宾语、状语和中心语的用例。

在后置于X与之构成方位短语的能力上，"里面/里边/里头"不如"里"。从数量上看，"里"有4655例，"里面/里边/里头"只有1437例。从组配的对象看，"里"主要与名词组成方位短语，另外还与动词、形容词组成方位短语，偶尔也与数量词构成方位短语。"里面/里边/里头"除主要与名词组成方位短语外，还常常与代词组成方位短语，此外还与数量词、"的"字结构组成方位短语。

在与各类NP组配的能力上，"里""里面/里边/里头"受语体的影响很大。

在口头语体中，有两类NP与"里面/里边/里头"的组配比例明显高于"里"：划界物类、群体集合类NP。有三类NP与"里"的组配比例明显高于"里面/里边/里头"，即时间类、抽象事物类和非离散类。这与我们在第二章的结论是一致的。但是，在书面语体中，"里"与各类NP的组配都占绝对优势，"里面/里边/里头"的使用比例极低。

在口头语体中，"里""里面/里边/里头"与NP的组配都很多。"里"与NP的组配占61.61%，"里面/里边/里头"占38.39%。而在书面语体中，"里"与NP的组配占绝对优势，此外，在书面语体中与"里面/里边/里头"组配的NP的类别比口头语体少。

不管在书面语体还是口头语体中，与"里面/里边/里头"组配最多的都是建筑物类、可容物类、身体部位类NP，也就是说，"里面/里边/里头"倾向于表实体空间义的NP组配。群体集合类、划界物类事物在口头语体中倾向于与"里面/里边/里头"组配。抽象事物类、时间类、非离散类NP，不管在哪类语体中，都倾向于与"里"组配。

第五章

"里""里面/里边/里头"的历时演变

共时的差异往往是历时演变的反映。"里""里面/里边/里头"在共时平面上的纠结与分工，很可能与它们的历时发展有关。在这一章，我们将考察方位词"里""里面/里边/里头"在各个历史时期的发展演变情况。对"里"类方位词的历时演变情况的考察，将有助于我们对它们的共时差异做出解释。我们采取定性考察和定量统计结合的方法，除了考察开放的语料，每一个时期，我们还选取了30万字的语料做定量统计。

第一节 两汉时期：方位词"里"的产生

关于方位词"里"的来源，较早谈到的是太田辰夫（1957，1987），他指出，"里"是和"表"相对的词，但后来成了和"中"意义相同了，这从魏晋时就有。汪维辉（1999）则对方位词"里"的来源做了考证，指出方位词"里"是从名词"表里"的"里"转化而来。"表里"的"里"在古代写作"裏"（或"裡"）。所以，下文所讨论的"里"是指"裏"（或"裡"）这一语表形式。表"人所聚居处""故乡""古代行政地方组织"或"长度单位"的"里"不是方位词，不在本书的考察之列。

一、普通名词"里"的本义

先秦时期,"里(裹)"是普通名词,从"衣",最初是指"衣服的里子",如:

(1) 绿兮衣兮,绿衣黄里。心之忧矣,曷维其已?(《诗经·邶风·绿衣》)

(2) 田无宇见晏子独立于闺内,有妇人出于室者,发班白,衣缁布之衣而无里裘。(《晏子春秋》)

(3) 余又欲杀甲而以其子为后,因自裂其亲身衣之里,以示君而泣,曰:"余之得幸君之日久矣,甲非弗知也,今乃欲强戏余,余与争之,至裂余之衣,而此子之不孝,莫大于此矣。"(《韩非子·奸劫杀臣》)

这一时期,"里"是普通名词,用于指称事物。

当要表示"在某物里边"的意义时,不用"里",一般用"中"或"内",如:

(4) 郤夏曰:"射其御者,君子也。"公曰:"谓之君子而射之,非礼也。"射其左,越于车下。射其右,毙于车中。(《左传·成公二年》)

(5) 凡拚之道:实水于盘,攘臂袂及肘,堂上则播洒,室中握手。(《管子·弟子职》)

(6) 邦分崩离析,而不能守也;而谋动干戈于邦内。(《论语·季
氏》)

二、名词"里"的引申义

"里"由衣服的内层又引申为其他事物的内层、内侧,暴露在外的为
"表",隐藏在内的为"里",如:

(7) 子犯曰:"战也。战而捷,必得诸侯。若其不捷,表里山河,必
无害也。"(《左传·僖公》)

(8) 或问圣人表里。曰:威仪文辞,表也;德行忠信,里也。(扬雄
《法言》)

三、方位词"里"的主要用法

据汪维辉(1999)考证,"里"成为方位词始于汉代,最早见于医学
书籍中。汪维辉曾经指出,名词"里"和方位词"里"的不同是:作名
词时"里"表示二维平面的一侧,与"表"相对;作方位词时"里"表
示三维空间的内部,与"外"相对。"里"作名词时强调的是与朝向观察
者的一面(或暴露的一面)相对的另一面,而"里"作方位词时强调的
是某一空间的"内部"。前者指的是一个平面,而后者指的则是一个空间。

在汉代,方位词"里"以单独使用为主,后置使用的用例不多。

（一）"里"单独使用

"里"单用时可以作主语、宾语、"V 介"宾语、定语，表示"人体内部"。

"里"作主语：

(9) 厥阴之复，少腹坚满，里急暴痛，偃木飞沙，倮虫不荣，厥心痛，汗发呕吐，饮食不入。(《黄帝内经·素问》)

"里"作宾语：

(10) 始表中风寒，入里则不消矣。(《伤寒论》)

(11) 十一月之时，阳气在里，胃中烦热，以阴气内弱，不能胜热，故欲裸其身。(《伤寒论》)

(12) 岐伯曰：脉出于气口，色见于明堂，五色更出，以应五时，各如其常，经气入脏，必当治里。(《灵枢经》)

(13) 外为表而内为里，天闭张歙，各有经纪。(刘安《淮南子》)

"里"作"V 介"宾语：

(14) 肝生于左，肺藏于右，心部于表，肾治于里，脾为之使，胃为之市。(《黄帝内经·素问》)

"里"作定语：

(15) 清邪中上，名曰洁也；浊邪中下，名曰浑也，阴中于邪，必内
栗也，表气微虚，里气不守，故使邪中于阴也。（《伤寒杂
病论》）

可以说，人的皮肤就像一个分界面，把人体分成了里外两个空间。皮
肤以内为"里"，皮肤表面（外面）则为"表（外）"。

"里"还可以作名词中心语，"N之里"表示在某一实体空间内
部，如：

(16) 是以伊尹负鼎，居于有莘之野，修道德于草庐之下，躬执农夫
之作，意怀帝王之道，身在衡门之里，志图八极之表，故释负
鼎之志，为天子之佐，克夏立商，诛逆征暴，除天下之患，辟
残贼之类，然后海内治，百姓宁。（陆贾《新语·慎微》）

（二）"里"后置与 X 组成方位短语

1. X 为代词"其"

"里"表示在人体内部，如：

(17) 如病发热，头痛，脉反沉，若不差，身体疼痛，当救其里，宜
四逆汤。（《伤寒杂病论》）

2. X 为身体部位类 NP

"里"表示在人体某一部位内部，如：

（18）勇而劳甚则肾汗出，肾汗出逢于风，内不得入于藏府，外不得越于皮肤，客于玄府，行于皮里，传为胕肿，本之于肾，名曰风水。（《黄帝内经》）

（19）督脉者，起于下极之俞，并于脊里，上至风府，入属于脑。任脉者，起于中极之下，以上毛际，循腹里，上关元，至喉咽。（《黄帝八十一难经》）

上面例句中的"皮里""脊里""腹里"，都是指这些人体部位的内部。

"里"由衣服的表里之分，引申到自身皮肤的表里之分，再进一步指人体内部，这也许就是方位词"里"最初发展的轨迹。

3. X 为划界物类 NP

"里"表示划界事物一侧的空间，如：

（20）府吏再拜还，长叹空房中，作计乃尔立，转头向户里，渐见愁煎迫。（《孔雀东南飞》）

（21）萨陀波伦菩萨入城门里。遥见高台。雕文刻镂金银。（《道行般若经》）

上面例句中的"户""城门"都是划界类事物，"户里""城门里"中的"里"，都是以界线为参照，指这些划界事物一侧的空间内部。

4. X 为建筑物类 NP

"里"表示建筑物的内部空间：

（22）而称伯夏教入殿<u>里</u>，与担贤言。（蔡邕《对诏问灾异八事》，转
　　　引汪维辉用例）

"殿"是建筑物，是封闭的三维空间，"殿里"的"里"是以容器为
参照，表示在三维空间的内部。如果说，"里"附着在划界类名词后面还
有可能理解为"里侧"的话，那么，"里"附着在建筑物类名词后面，就
只能理解为三维空间的内部了。

在上面的例句中，与"里"组配的名词从人体部位到划界类事物再到
建筑物，"里"都是表示在一个有明确里、外界线的三维空间的"里边"
的意思，不再是"里侧""内侧"的意思。这里的"里"可以说都是方位
词了。

但这时"里"还只能说是方位名词，因为这时"里"除了可以自由
地充当主语、宾语等，方位短语"N里"之间还可以插入结构助词"之"，
"里"可以充当名词 N 的中心语，如：

（23）馋臣在其间，左右弄口，积使上下不和，更相晌伺。宫殿之<u>里</u>，
　　　毛厘过失，亡不暴陈。（班固《汉书·梁怀王揖传》）

（24）大哉圣人，言之至也。开之廓然见四海，闭之阒然不睹墙之<u>里</u>。
　　　（扬雄《法言》）

按照汪维辉的判断标准，例（24）的"里"既可以理解为名词也可以理解为方位词：理解为名词时，"墙里"是指二维平面的另一侧，即墙的另一面；理解为方位词时，"墙里"是指墙的另一侧所在的三维空间的内部。从这个例子中，我们也可以观察到"里"由名词向方位词转变的轨迹。

从表衣服里层的"里"到方位词"里"，其演变轨迹大致如下：

举例：绿衣黄里→表里山河→皮里、城门里、殿里

语义上：衣服里层（二维）→其他物体内层（二维）→以皮肤为分界面的人体内部（三维）、有界面的建筑空间内部（三维）

句法上：实体名词→关系名词→方位名词

与"里"组配的名词都是实体名词，从"皮里""城门里""殿里"可以看出，"里"都是限于表示有明显的内外界线的三维实体空间，所以方位词"里"的基本语义是表示"有明显的内外界线的三维实体空间的内部"，其语义特征可以概括为：有界、可容、实体空间。

四、定量统计及小结

表5-1是两汉时期方位词"里"使用情况的定量统计。

表5-1　两汉时期方位词"里"使用情况统计

句法分布 文献	总数	单用	后置		
			小计	名～	代～
《伤寒杂病论》	57	53	4	1	3
《道行般若经》	2	0	2	2	0

句法分布　　　文献	总数	单用	后置		
			小计	名~	代~
《汉书》	0	0	0	0	0
《史记》	0	0	0	0	0
总计	59（100%）	53（89.8%）	6（10.2%）	3	3

两汉时期是方位词"里"的萌芽时期。从上表可以看出，在句法功能上，"里"以单独使用为主，后置使用的比例不高，后置使用时可与名词、代词组成方位短语"X里"。

第二节 魏晋南北朝时期：方位词"里"的迅速发展

魏晋南北朝时期，表示方位意义的"里"的使用范围迅速扩大，组合方面有很大的扩展，可以与"里"组配的名词语义类别越来越多。在表意上，"里"不仅可以表示具体空间，还可以表示抽象范围。

一、"里"后置与 X 组成方位短语

一方面，"里"继承了两汉时期"里"的用法，与建筑物类、划界物类、身体部位类 NP 组合，另一方面，还发展出了很多新用法，可以与可容物类、地形类、非离散类、集合类、抽象类 NP 组合。

（一）X 为建筑物类 NP

"里"与建筑物类 NP 组合，表示实体空间，这一类词语比两汉时要

多得多，如：

（25）王君夫尝责一人无服余袒，因直内著曲阁重闺<u>里</u>，不听人将出。遂饥经日，迷不知何处去。（《世说新语》）

（26）粟初熟出壳，即于屋<u>里</u>埋著湿土中。（贾思勰《齐民要术》）

（27）或以情祈安养，或以愿生知足。故双梧表于房<u>里</u>，一馆显自空中。（慧皎《高僧传》）

（28）小人自龌龊，安知旷士怀。鸡鸣洛城<u>里</u>，禁门平旦开。冠盖纵横至，车骑四方来。（鲍照《代放歌行》）

"曲阁重闺里""屋里""房里""洛城里"都是"里"与建筑类 NP 组配，表示实体空间。

（二）X 为划界物 NP

"里"与划界物类 NP 组合，表示实体空间，如：

（29）诸将欲尽杀之，元景以为不可，曰："今王旗北扫，当令仁声先路。"乃悉释而遣之，家在关<u>里</u>者，符守关诸军听出，皆称万岁而去。（沈约《宋书》列传第三十七）

（30）云生梁栋间，风出窗户<u>里</u>。（郭璞《游仙诗》）

"关里""窗户里"是"里"与划界物类 NP 组配，"里"表示划界物一侧的空间。

（三）X 为可容物类 NP

"里"与可容物类 NP 组合，表示在某一具体物体的"里边"。这一类名词与"里"的组合非常多。

(31) 又以手就瓮里搦破小块,痛搅令和,如粥乃止,以绵幕口。
(《齐民要术》)

(32) 以向熟羊肶投膤里,更煮,得两沸便熟。(《齐民要术》)

(33) 簸去勃,甑里蒸之。(《齐民要术》)

(34) 上以杖击未央殿槛,呼朔曰:"叱叱,先生来来,先生知此箧里
何物?"(《齐民要术》)

(35) 久在樊笼里,复得返自然。(陶渊明《归园田居》)

(36) 王珣先在内,桓语王:"卿尝欲见相王,可住帐里。"(《世说新
语》)

(37) 承君清夜之欢娱,列置帏里明烛前。(鲍照《拟行路难》其二)

(38) 河边杨柳百丈枝,别有长条宛地垂。河水冲激根株危,倏忽河
中风浪吹。可怜巢里凤凰儿,无故当年生别离。(庾信《杨柳
歌》)

以上例句中的"瓮里""膤里""甑里""箧里""樊笼里""帐里"
"帏里""巢里"都是"里"与可容物类 NP 组合,这类物体都有明确的内
外边界,"里"表示在这些物体的"里边"。

(四)X 为地形类 NP

"里"与地形类 NP 组合,表示具体的空间范围,如:

(39) 流连河里游,恻怆山阳赋。(颜延之《向常侍》)

（40）路高山<u>里</u>树。云低马上人。（庾信《咏画屏风诗二十五首》之
　　　一，《北周诗》卷四）

（41）定知丘壑<u>里</u>。并伫白云情。（释惠标《咏山诗三首》之一，《陈
　　　诗》卷十）

　　上面例句中的"河里""山里""丘壑里"，是"里"与地形类 NP 组
配，表示在参照物的空间范围内。

（五）X 为人体部位类 NP

　　与两汉时期不同的是，"里"附在人体部位名词后，除了实指身体内
部外，还具有了泛向性的虚指的意义。如：

（42）治腹<u>里</u>，去腮不去鳞。（《齐民要术》）

（43）下帷灯火尽。朗月照怀<u>里</u>。无油何所苦。但今天明尔。（《读曲
　　　歌八十九首》之七十九，《宋诗》卷十一）

（44）自知心<u>里</u>恨，还向影中羞。（刘峻《为姬人自伤诗》，《梁诗》
　　　卷十二）

　　例（42）"腹里"是指腹部内，而例（43）"怀里"，在这里不再强调
身体的里外界限，只是表示一个大致的空间范围，例（44）"心里"字面
上是表示身体空间，实际上并非实指"心"的内部，而是指人的思想意
识，表达的是抽象范围，是虚指用法。

（六）X 为非离散物类 NP

　　"里"与非离散物类 NP 结合，表示一个无界的空间范域。

（45）又有所谓水底眼，剪刀交，水<u>里</u>坐，水<u>里</u>卧。（晋《葬书》）

（46）直煮盐蓼汤，瓮盛，诣河所，得蟹则内盐汁<u>里</u>，满便泥封。（北魏《齐民要术》）

（47）陈思王游山，忽闻空<u>里</u>诵经声，清远道亮。解音者则而写之，为神仙声。（晋《异苑》）

（48）落日川渚寒，愁云绕天起。短翮不能翔，徘徊烟雾<u>里</u>。（鲍照《赠傅都曹别》）

（49）四更星汉低。落月与云齐。依稀北风<u>里</u>。胡笳杂马嘶。（伏知道《从军五更转五首》之四，《陈诗》卷九）

上述例句中的"水里""盐汁里""空里""烟雾里""北风里"，"里"前面的名词是非离散性的液体或气体，这些事物都没有明确的内外界线。可见，到魏晋南北朝时，"里"前面的名词不再局限于有明确内外边界的事物。

（七）X 为集合类 NP

"里"与集合类 NP 结合，表示空间范围内，如：

（50）树中望流水。竹<u>里</u>见攒枝。（刘孝绰《侍宴诗》，《梁诗》卷十六）

（51）胧胧树<u>里</u>月，飘飘水上云。（吴均《至湘洲望南岳诗》，《梁诗》卷十一）

"竹里""树里"都是"里"后附于集合类名词，表示空间范围。

（八）X 为信息载体类 NP

"里"与信息载体类 NP 组合，表示抽象范围，如：

(52) 赖馀琴<u>里</u>曲。犹有夜啼声。（李德林《咏死乌诗》，《隋诗》卷二）

(53) 扇中通曼脸。曲<u>里</u>奏阳春。（刘逖《清歌发诗》，《北齐诗》卷一）

"琴里""曲里"是"里"与信息载体类 NP 组合，不表实体空间，而指抽象的范围。

（九）X 为代词

"里"放在代词后，表示具体空间，如：

(54) 日月之行，若出其中。星汉灿烂，若出其<u>里</u>。（曹操《短歌行》）

二、方位词"里"单独使用

与方位短语"X 里"大肆扩张相反的是，"里"单独使用的数量不多，表意功能也很单一。这一时期，只发现"里"作主语、宾语、中心语的用例，未见"里"作"V 介"宾语的用例。

(55) 昔有痴人往大池所。见水底影有真金像谓呼有金。即入水中捞

泥求觅。疲极不得还出复坐须臾水清又现金色。复更入里挠泥
更求觅。(《百喻经》)

(56) 炙菌法：菌，一名"地鸡"，口未开，内外全白者佳；其口开里
黑者，臭不堪食。(《齐民要术》)

(57) 夏宇凝霜，温室含暖。雕楼之内，滴动而响生；洞扉之里，鹤
归而气激。(简文帝《大法颂（并序）》，《全梁文》卷十三)

上面例句中的"里"依次作宾语、主语、中心语。在语义上，这些单
独使用的"里"都实指具体空间，以界线或容器为参照。

三、定量统计及小结

表 5-2 是魏晋南北朝时期方位词"里"使用情况的定量统计。

表 5-2 魏晋南北朝时期方位词"里"使用情况统计

句法分布 文献	总数	单用	后置 名~
《齐民要术》	32	9	23
《世说新语》	5	1	4
《搜神记》	3	1	2
总计	40（100%）	11（27.5%）	29（72.5%）

结合前面的考察及表 5-2 的定量统计，可以看出，作为方位词，
"里"在魏晋南北朝时期得到了很大的发展。与前一时期比，主要变化是：

1. 从句法分布上来说，"里"后置使用的比率增加，后置率为 72.5%，
越来越多地放在名词性成分后面与之组成方位短语。

2. "里"所能组配的名词类别比前一时期多。与建筑物类、划界物类、身体器官类名词的组配比前一时期多。另外，与前一时期比，还增加了与可容物类、地形类、非离散类、集合类、信息载体类名词的组配。此外，"里"还可以与代词组成方位短语。

3. 与"里"组配的事物不再局限于里外界线分明的实物，"里"的意义不再局限于表示具体空间，还可以表示抽象的范围等。

总之，到魏晋南北朝后期，"里"已基本具备了方位词的功能。不过，汪维辉（1999）认为，这一时期，"里"与"中"相比，在使用频率和使用范围两方面还处于劣势。

第三节　唐五代时期：方位词"里"的发展成熟和双音节方位词"里面""里头"的产生

这一时期，方位词"里"基本发展成熟。"里"后置组成方位短语的能力越来越强。可以组配的名词类别越来越多，而且还可以与动词、形容词组合。表具体空间、抽象范围、时间、状态的用法，在这一时期都已出现。随着"里"的发展成熟，双音节方位词"里面""里头"开始出现。

一、"里"后置能力的发展

这一时期，"里"后置与 X 组成方位短语时，不但可以表示具体空间、抽象范围，还可以表示时间、状态。

（一）"里"表示具体空间

1. X 为建筑物类 NP

"里"与这一类名词组配的范围继续扩大，如：

（58）从此后从容得数日，后升座，便有人问："未审和尚承嗣什摩
人?"师曰："古佛殿里拾得一行字。"（《祖堂集》）

（59）有一童子碓坊里念此偈，行者曰："念什摩?"（《祖堂集》）

（60）行至一长者家门前，见一黑狗身，从宅里出来，便捉目连袈裟。
（《敦煌变文集新书》）

"古佛殿里""碓坊里""宅里"都是建筑物类名词与"里"组配。

2. X 为划界物类 NP

与"里"组合的划界物类 NP 中，"门""窗"的使用频率很高，如：

（61）结茅临古渡，卧见长淮流。窗里人将老，门前树已秋。（韦应物
《淮上遇洛阳李主簿》，《全唐诗》卷一百九十）

（62）门前洛阳道，门里桃花路。（刘禹锡《题寿安甘棠馆二首》之
一，《全唐诗》卷三百六十四）

在《全唐诗》中，"窗里"有34例，"门里"有47例。

3. X 为可容物类 NP

可容物类 NP 与"里"组合的也很多，如：

（63）得钱自吃用，留著柜<u>里</u>重。（《王梵志诗》）

（64）牛头捉得你，锅<u>里</u>熟煎汤。（《王梵志诗》）

（65）诗卷却抛书袋<u>里</u>，正如闲看华山来。（李甘《九成宫》，《全唐诗》卷五百零八）

"柜里""锅里""书袋里"，都是可容物类 NP 与"里"组合。

4. X 为地域地形类 NP

"里"与地域地形类 NP 组合，表示空间范围，如：

（66）峰云："不用一日三度五度上来，但知山<u>里</u>燎火底树橦子相似，息却身心，远则十年，中则七年，近则三年，必有来由。"（《祖堂集》）

（67）从台顶向南下行十七里许，于谷<u>里</u>有一院，屋舍破落无人。（《入唐求法巡礼行记》）

（68）某甲师兄，在苏州花亭县，乘小船于江<u>里</u>游戏。（《祖堂集》）

（69）吾曰："村<u>里</u>男女有什摩气息？未得草草，更须勘过始得。"（《祖堂集》）

"山里""谷里""江里""村里"都是地域地形类名词与"里"组配。

5. X 为区划机构类 NP

"里"与区划机构类 NP 组合，表示空间范围。

请看下面的例句：

（70）不意因由运改，福谢缘疏，夫去天宝九载五月十三日卒於河南府<u>里</u>之第宅，次载就葬於京兆府三原县之分界。（《全唐文拾遗》）

（71）泙漭又曰："济南郡<u>里</u>多沮洳，娥皇女英汲引处。窃向池中深畎来，浇茆畦土平流去。"（唐·封演《封氏闻见记》）

"河南府""济南郡"是区划机构类 NP，"里"与这类词语结合，表示空间范围。

6. X 为非离散物类 NP

可以与"里"组配的非离散物类 NP 越来越多，如：

（72）日谬向途中学，今日看来火<u>里</u>冰。（《祖堂集》）

（73）师云："设使有，座还肯摩？"招庆云："是什摩心行，推人向泥<u>里</u>著！"招庆临赴清源请时，遂命安国与师同游。（《祖堂集》）

（74）霹雳声中曾掩耳，夕阳影<u>里</u>却回头。（《船子和尚拨棹歌》）

（75）欲知此中意，云<u>里</u>有光彩。（《祖堂集》）

（76）亲於善者，如雾<u>里</u>行。（《祖堂集》）

（77）师又索一草，抛放水<u>里</u>，其蚁子惊讶，依草便上#罗外。（《祖堂集》）

（78）人脂碎肉和铜汁，迸肉含潭血<u>里</u>凝。（《敦煌变文集新书》）

（79）婵娟本家镜，与妾归君子。每忆并照时，相逢明月<u>里</u>。（鲍溶《旧镜》，《全唐诗》卷四百八十六）

"火里""泥里""夕阳影里""云里""雾里""水里""血里""明月里"，都是"里"与非离散类 NP 组配，表示界域模糊的空间范围。

7. X 为身体部位类 NP

"里"与身体部位类 NP 组合有表实体空间和抽象范围两种意义。这一时期，"里"可以组配的身体部位类名词越来越多，如"心里""口里""肠里""眼里""颊里""肚里"等，同时表示抽象范围的用例也越来越多。

请看下面的例句：

（80）莫不安爪肉，鱼吞在肠<u>里</u>。（《王梵志诗》）

（81）离钩三寸如何道，拟议还同眼<u>里</u>沙。（《船子和尚拨棹歌》）

（82）口上珊瑚耐拾取，颊<u>里</u>芙蓉堪摘得。（《游仙窟》）

（83）我见那汉死，肚<u>里</u>热如火。（《王梵志诗》）

（84）下官咏曰："忽然心<u>里</u>爱，不觉眼中怜。"（《游仙窟》）

（85）问："如何是正问正答?"师曰："不从口<u>里</u>道。"（《祖堂集》）

上面例（80）（81）（82）"肠里""眼里""颊里"是实指身体部位，但例（83）（84）（85）的"肚里""口里""心里"都是虚指的用法，表示抽象的范围。

（二）"里"表示抽象范围

1. X 为信息载体类 NP

NP 是承载信息内容等的媒介或载体，"里"表示抽象的空间范围。

（86）于越城边枫叶高，楚人书里寄离骚。（包佶《酬顾况见寄》，

《全唐诗》卷二百零五）

（87）秋风忽洒西园泪，满目山阳笛里人。（窦牟《奉诚园闻笛》，

《全唐诗》卷二百七十一）

（88）红绽樱桃含白雪，断肠声里唱阳关。（李商隐《赠歌妓二首》

之一）

（89）语里埋筋骨，音声染道容。（《祖堂集》）

"书里"是指不可视的"思想"的承载空间，"笛里"则指"声音"
的来源空间，"断肠声里""语里"都是指不可见的信息内容。

2. X 为抽象类 NP

"里"与抽象类 NP 结合，表示抽象的空间范围。请看下面的例句：

（90）观君面色，必然心有所求。若非侠客怀冤，定被平王捕捉？儿

有贫家一惠，敢屈君餐。情里如何？（《敦煌变文集新书》）

（91）生受刀光苦，意里极星星。（《王梵志诗》）

上面例句中，"里"后附于抽象名词"情""意"，"情里""意里"
都是指抽象的思想感情。

（三）"里"表示时间

X 为表示时间的词或短语。请看例句：

（92）人生一世里，能得几时活？（《王梵志诗》）

（93）席上沉香枕，楼中荡子妻。那堪一夜里，长湿两行啼。（杨凝
《花枕》，《全唐诗》卷二百九十）

（94）日里话，暗嗟切。（《祖堂集》）

（95）天寒眼痛少心情，隔雾看人夜里行。（王建《眼病寄同官》，
《全唐诗》卷三百零一）

（96）季春三月里，戴胜下桑来。（张何《织鸟》，《全唐诗》卷七百
八十二）

在上面例句中的"一世里""一夜里""日里""夜里""三月里"
中，"里"后附于时间词或时量短语后，表示时间范围。从表空间范围到
表时间范围，这是"里"的一种重要的虚化用法。

（四）"里"表示状态

1. X 为 VP

"里"与 VP 组合，表示某种状态。

请看例句：

（97）亦知如在梦，睡里实是闹。（《祖堂集》）

（98）千金笑里面，一搦抱中腰。（李百药《杂曲歌辞·少年子》，
《全唐诗》卷二十四）

"睡里""笑里"表示动作的持续所造成的状态，既表达时间，也表达一种状态。

2. X 为 AP

"里"与 AP 组合，表示状态。如：

（99）醉里不辞金爵满，阳关一曲肠千断。（冯延巳《蝶恋花》，《全唐诗》卷八百九十八）

（100）钲鼙闹里纷纷击，戛戛声齐电不容。（《敦煌变文集新书》）

（101）岂料我无端正相，致令暗里苦商量。（《敦煌变文集新书》）

"醉里""闹里""暗里"都表示状态。

二、"里"单用能力的减弱

与"里"后置能力增强相反的是，"里"的单用能力在减弱。"里"单用的数量减少，可充当的句法成分也越来越少，一般只作主语，基本没有作宾语、"V 介"宾语的用例。

如：

（102）晏子对王曰："梧桐树虽大里空虚，井水虽深里无鱼，五尺大蛇怯蜘蛛，三寸车辖制车轮。得长何益，得短何嫌！"（《敦煌变文集新书》）

（103）堂门策四方，里有四合床，屏风十二扇，锦被画文章。（《敦煌

变文集新书》)

　　上面例句中的"里"都是作主语。

　　在表意上，与方位短语中的"里"不同的是，单用的"里"都实指具体空间，不能表示抽象范围或时间、状态。

　　唐五代时，"里"单用的一个变化就是开始作介词"向"的宾语，表示方向。如：

（104）闺门向里通归梦，银烛迎来在战场。（李昂《赋戚夫人楚舞歌》，《全唐诗》卷一百二十）

（105）每使盈亏之月，向里升沈；能令鳌潮，由兹出入。故得周天柱，作海门。（周钺《海门山赋》，《全唐文》卷七百五十九）

三、"里"使用情况的定量统计及小结

表5-3是唐五代时方位词"里"使用情况的定量统计。

表5-3　唐五代时"里"使用情况的定量统计

句法分布　　　文献	总数	单用	后置			
			小计	名~	动~	形~
《敦煌变文》	70	3	67	63	1	3
《游仙窟》	11	0	11	10	0	1
《入唐求法》	2	0	2	2	0	0
《祖堂集》	54	1	53	53	0	0

续表

句法分布 文献	总数	单用	后置			
			小计	名~	动~	形~
《王梵志诗》	43	1	42	39	1	2
总计	180（100%）	5（2.8%）	175（97.2%）	167	2	6

结合前面的考察及表 5－3 的定量统计，我们可以看出，这一时期，方位词"里"的使用具有以下特征：

1. 单用能力减弱，单用仅占 2.8%。

2. 后置能力增强，大量用在名词性成分后，句法上呈现出虚词常有的定位性、黏着性。这一时期，"里"后置使用的比例由魏晋南北朝时期的 72.5% 增加到 97.2%。

3. 搭配泛化。所能搭配的词语范围越来越广泛，唐以前，与"里"组配的名词主要是实体名词。唐五代时，与"里"结合的名词的语义类别更多，而且扩展到与没有方位意义可言的抽象名词组合。此外，还可以与动词、形容词结合。

4. 意义虚化。随着搭配范围的扩大，"里"由表具体空间到表抽象范围，再到表示时间、状态，意义越来越虚泛空灵，其原有的词汇意义越来越弱。

5. 使用频率大增。搭配范围越来越广，造成"里"的使用频率大增，这一时期"里"的使用频率是魏晋南北朝时期的 4 倍以上。

许多学者（Lehmann，1995；Heine，1991；Hopper，Traugott，1993；吴福祥，2003；刘丹青，2004）都曾从语义、句法、语音等角度揭示了语法化的一些表现：语义上，抽象性增加，由表具体义到表更多抽象义；句法上，黏着性、强制性增加，搭配范围由小到大，语序由自由到固定，单位由独立到依附；语音上，语音弱化，由强变弱，由长变短，由繁变简。

对照上述标准，结合"里"在句法、语义、语用上的特点，我们可以判断，在唐代，方位词"里"开始了它语法化的历程。

四、双音节方位词"里面""里头"的产生

这一时期，双音节方位词"里面""里头"开始产生，但主要是在口语中出现。我们查到的用例多出现在口语体的禅宗语录中，"里面"的用例比"里头"多。此外，"里面"在诗歌中也有个别用例。

（一）"里面/里头"单独使用

（106）师与密师伯行次，指路傍一院曰，<u>里面</u>有人，说心说性。伯曰，是谁。（《筠州洞山悟本禅师语录》）

（108）问："如何是正修行路？"师云："修是墙堑，不修是<u>里头</u>人。"（《祖堂集》）

（109）师果然是下来乞钱，赵州便出来把驻云："久响投子。莫只这个便是也无？"师闻此语，便侧身退。师又拈起笊篱云："乞取盐钱些子。"赵州走入<u>里头</u>，师便归山。（《祖堂集》）

上面例句中的"里面/里头"都表示在实体空间内部。例（106），"里面"以容器为参照，隐含参照物是"院"；例（107），"里头"以界线为参照，隐含参照物是"墙堑"；例（108），"里头"以进（出）口为参照，表示与"外"相对的实体空间，补不出具体明确的参照物。

在句法功能上，上面例句中"里面/里头"依次充当主语、定语、宾语。

(二)"里面"后置使用

我们只发现了"里面"后置使用的情况。"里面"与NP组合成方位短语，这种用法绝大多数出现在诗歌中。

(110) 绝境宜栖独角仙，金张到此亦忘还。三门<u>里面</u>千层阁，万井中心一朵山。(徐夤《题福州天王阁》，《全唐诗》卷七百零九)

(111) 金丹不是小金丹，阴鼎阳炉<u>里面</u>安。尽道东山寻汞易，岂知西海觅铅难。玄珠窟里行非远，赤水滩头去便端。(吕岩《七言》，《全唐诗》卷八百五十六)

(112) 慢梳鬟髻著轻红，春早争求芍药丛。近日承恩移住处，夹城<u>里面</u>占新宫。(花蕊夫人《宫词》，《全唐诗》卷七百九十八)

(113) 金汤<u>里面</u>境何求，宝殿东边院最幽。栽种已添新竹影，画图兼列远山秋。(齐己《荆州新秋寺居写怀诗五首上南平王》，《全唐诗》卷八百四十五)

(114) 院门<u>里面</u>南壁，皇甫轸画鬼神及雕形，势若脱。(《酉阳杂俎·续集卷六·寺塔记下》)

"里面"后置使用时，其参照物为划界物类NP、可容物类NP、建筑物类NP。上面例句中，"院门里面""三门里面"都是划界物类NP与"里面"组配，"阴鼎阳炉里面"是可容物类NP与"里面"组配，"夹城里面""金汤里面"是建筑物类NP与"里面"组配，这些例句中"里面"

都表示在有明确的里外界限的实体空间内部。

五、双音节方位词"里面/里边/里头"的产生原因

对于双音节方位词的产生原因，蔡言胜（2005）认为是双音化趋势的结果，是韵律原因造成的：原来的"N＋L"本是自成轻重的一音步，汉魏以后单音节参照名词 N 首先复音化，原来的韵律平衡被打破，为了重新获得音节和谐，于是让后置单音节方位词 L 也双音化成为一音步。林晓恒（2010）则认为是单音节方位词语义自足性的降低引起形式上新因素的加入和补充，从而导致双音节方位词的产生。我们认为，双音节方位词"里面/里边/里头"的产生既有其内在动因，也有其外在动力。

（一）方位词"里"的虚化

我们认为，韵律原因在双音节方位词的产生中起到推动作用，但不是内在动因。语义因素是导致双音节方位词产生的内在原因之一，但不是唯一原因。双音节方位词"里面/里边/里头"的产生，其根本原因是方位词"里"的语法化。"里"句法位置的改变和语义的虚化是导致双音节方位词"里面/里边/里头"产生的内在动因，韵律组配只是促使方位词"里面/里边/里头"产生的外在动力。

（二）语法化过程中的"具体强化"

刘丹青（2001）指出，语法化是一个渐进的过程，一个词汇成分一旦开始语法化，那么它就踏上了语义虚化、句法泛化、语音弱化的不归路，由不足语法化、到充分语法化，到过度语法化，直至表意功能趋向于零、句法功能若有若无、语音形式走向消失。这类现象可称为语法化损耗。

Lehmann（1995）也指出，当虚化成分过分弱化时，更新和强化是保

存语法力量的两种选择。所谓语法化中的强化（reinforcement），是指在已有的虚词虚语素上再加上同类或相关的虚化要素，使原有虚化单位的句法语义作用得到加强。也就是说，强化是抵消语法化损耗的有用机制。

一个典型的强化例子是英语的 on the top of 对 on 的强化。现代英语里，on 是个高度语法化的前置词，它的原型义是"在物体的上方表面"，但引申出的语义域非常宽泛，例如 on the wall 指表面而不指上方，on Monday 表日期，on grammaticalization 表示论题，on sale 指时间上的进行等。因此，当说话人想强调在某物上方表面时，会觉得 on 的意义太宽泛，因而会选用 on the top of 这样在 on 的基础上增加词汇性成分组成的复合介词。

Lehmann 所举的一对例子是：

（a）Peter is standing on the table.（彼得站在桌子上）

（b）Peter is standing on the top of the table.（彼得站在桌子的上面）

（a）是一般的表述，而（b）的意义则更加明确，明确所站位置是桌子的上方而不是常规的桌子的边上。

刘丹青（2001）把 on the top of 这一类强化称之为具体强化，即用更加具体的词项来强化比较抽象的语法化程度更高的单位。因为语法化的趋向是虚词的意义越来越抽象虚泛，虚词的信息量逐渐降低以后，到了一定阶段，便会促使虚词带上更具体实在的成分，以使意义更为明确显豁。

我们认为，双音节方位词"里面/里边/里头"的产生，就属于语法化过程中的具体强化现象。在唐代，方位词"里"开始了语法化的历程，句法功能受限，语义逐渐虚化，双音节方位词"里面/里边/里头"是为弥补"里"在语法化过程中的损耗而产生的，是对"里"语法化后产生的空位进行填补。

（三）"里面/里边/里头"对"里"的替代和补充

从前面3.3节的描写中我们可以看到，双音节方位词"里面/里边/里头"在产生之初的主要特点有以下几个方面：

在句法上，"里面/里边/里头"是自由、不定位的。以单用为主，可以自由地在句中作主语、宾语、定语等，这正好填补了单音节方位词"里"由于定位、粘着所造成的句法空位。

在语义上，"里面/里边/里头"都是表示在"实体空间的内部"的意思，其实这就是方位词"里"最初的意义。由于意义实在，"里面/里边/里头"可以在参照物隐含的情况下独立使用。

"里面/里边/里头"所表示的概念要比"里"具体清晰。"面""边""头"原本都是关系名词："面"本义是"脸"，后引申为表一般物体的"表面"，"头"本义为身体部位，后引申为一般物体的"顶部或前端"。而宋代时出现的"里边"的"边"其本义是"边界、边疆"，后引申为一般物体的"边缘"。意义虚化的"里"与表实体事物的一部分的"面""头""边"组合后，其结果自然是表意的信息量增加，意义更明确具体，语义更自足了。这也为"里面/里边/里头"在句法上脱离前面的名词性成分、独立运用提供了语义保障。

另外，由于"边""面""头"的本义是表物体部位的"边缘""表面""顶部"，受源义的影响，"里面""里头""里边"也在一定程度上提示了隐含参照物的存在特征。即"里边"的参照物倾向于具有一维的线性特征，"里面"的参照物倾向于具有二维的平面特征，"里头"的参照物则倾向于具有三维的立体特征，这也使得"里面""里头""里边"的意义比"里"更具实体性。

语用上，"里面"后置的例子大都出现在诗歌中，其前面的名词基本上是双音节的，二者组合成 2 + 2 的双音步，韵律和谐。如例（110）～（113）都出自七言诗歌，其中用"里面/里边/里头"不用"里"应该是出于韵律配置的需要。如果改成"里"，诗歌就不是七言诗，上下句也不对仗了。因此，双音节方位词"里面"刚开始后置使用时，主要是出于韵律配置的需要。

总之，双音节方位词"里面/里边/里头"的产生，是为了弥补"里"语法化所造成的损耗，是对"里"语法化后留下的"空位"进行填补。也就是说，根本原因是出于语义表达和句法运作的需要。而韵律配置客观上对双音节方位词"里面/里边/里头"的产生也起到一定的推动作用。

第四节 宋代："里面/里边/里头" 的发展及"里"的逐步语法化

一、"里面/里边/里头"单用能力和后置能力的发展

句法上以单用为主，表意上表示实体空间的"里面/里边/里头"在宋代有了进一步发展。在句法功能上，"里面/里边/里头"仍然以单用为主，但可以充当的句法成分更多，后置使用构成方位短语的比例有所提高，可以组配的名词小类更多了。语义上，除了可以表示实体空间，还可以表示抽象范围。此外，"里面/里边/里头"的使用频率也比前一时期更高。总体来说，"里面"的使用频率最高，在口语体和书面语中都有出现，而"里头"主要

用于口语体中，我们在宋代的禅宗语录中发现了数十例，但在《全宋词》中只有一例。"里边"在宋代开始出现，用例较少，都是单独使用。

（一）"里面/里边/里头"单用能力的发展

在唐代，我们只发现"里面/里头"作主语、宾语、定语的用例，到宋代，"里面/里边/里头"在句中除了作主语、宾语、定语外，还可以作介词宾语、"V介"宾语、状语等。

作主语：

（115）皇甫殿直劈手夺了纸包儿，打开看，里面一对索环儿，一双短金钗，一个简帖儿。（《简帖和尚》）

（116）师鱼鼓颂曰："四大由来造化功，有声全贵里头空。莫嫌不与凡夫说，只为宫商调不同。"（《五灯会元》）

（117）甚人来擅开我庙门？今日不是牙盘日，里头都挂了。（《张协状元》）

作宾语：

（118）大王晓事，外面寒冷，教来里面立地。（《张协状元》）

（119）娘子，张叶身上疼，且入里面去。（《张协状元》）

作定语：

（120）若是不去其皮壳，固不可；若只去其皮壳了，不管里面核子，

亦不可，恁地则无缘到得极至处。(《朱子语类》)

(121) 但看棚头弄傀儡，抽牵全藉<u>里头</u>人。(《五灯会元》)

(122) 师曰："看取棚头弄傀儡。抽牵全藉<u>里边</u>人。"(《景德传灯录》)

作介词"在""向""从"等的宾语，表示处所或方向：

(123) 譬如人居家熟了，便是出外，到家便安。如茫茫在外，不曾下工夫，便要收敛向<u>里面</u>，也无个着落处。(《朱子语类》)

(124) 越两夕，又梦一人姓张者，同行到溪岸。张向<u>里边</u>至高峻处，夺超伞，挤之入溪。(洪迈《夷坚志》)

(125) 曰："如何是内绍。"师曰："推爷向<u>里头</u>。"(《五灯会元》)

(126) 殿直从<u>里面</u>叫出二十四岁花枝也似浑家出来，道："你且看这件物事！"(《简帖和尚》)

(127) 我讨来看，便使转他也与我去买，被我安些汗药在<u>里面</u>裹了，依然教他把来与你。(《宋四公大闹禁魂张》)

(128) "在<u>里头</u>来多少时邪?"(《五灯会元》)

作状语：

(129) 只听得宋四公<u>里面</u>叫起来，道："我自头风发，教你买三文粥来，你兀自不肯。"(《宋四公大闹禁魂张》)

(130) 新罗国迦智禅师，僧问："如何是西来意?"师曰："待汝<u>里头</u>

来，即与汝道。"（《五灯会元》）

做"V介"宾语：

（131）侯兴老婆道："相是恰才汗火少了，这番多把些药倾在里面。

（《宋四公大闹禁魂张》）

在表意上，上面例句中的"里面/里边/里头"在句中都表示在实体空间的内部。这些单用的"里面/里边/里头"，很多是以进（出）口为参照，补不出明确的参照物，如例（118）（119）。也有的隐含参照物为划界物类名词（例117）、可容物类名词（例115）。

（二）"里面/里边/里头"与 X 组成方位短语时 X 的次类扩展

这一时期，与 X 组合成方位短语时，X 的类别有比较大的扩展，不过 X 还是以实体名词为主。与 X 组合的双音节方位词以"里面"为多，"里头""里边"较少。

1. X 为建筑物类 NP

"里面/里边/里头"与建筑物类 NP 结合，表示实体空间，如"土库里面""屋子里面""古庙里头"：

（132）把钥匙一斗，斗开了锁，走入土库里面去。（《宋四公大闹禁魂张》）

（133）若不见他表里，譬犹此屋子，只就外面貌得个模样，纵说得著，亦只是笼罩得大纲，不见屋子里面实是如何。（《朱子语

类》）

（134）古庙<u>里头</u>回避得。（《古尊宿语录》）

2. X 为划界物类 NP

"里面/里边/里头"与划界物类 NP 结合，表示实体空间，如"布帘里面""窗子里面"：

（135）只见陶铁僧桼了四五十钱，鹰觑鹊望，看布帘<u>里面</u>，约莫没人见，把那见钱怀中便搋。（《万秀娘仇报山亭儿》）

（136）当时合哥移步来窗子外面，正在那里拣"山亭儿"，则听得窗子<u>里面</u>一个人，低低地叫道："合哥。"（《万秀娘仇报山亭儿》）

3. X 可容物类 NP

"里面/里边/里头"与可容物类 NP 结合，表示实体空间，如"模匣子里面"：

（137）所以程子推出一个"敬"字与学者说，要且将个"敬"字收敛个身心，放在模匣子<u>里面</u>，不走作了，然後逐事逐物看道理。（《朱子语类》）

4. X 为地形类 NP

"里面/里边/里头"与地形类 NP 结合，表示实体空间，如："林子里面"

(138) 行到山顶上，侧着耳朵听时，空谷传声，听得林子里面断棒
　　　　响。(《一窟鬼癫道人除怪》)

5. X 为非离散类 NP

"里面/里边/里头"与非离散类 NP 结合，表示空间范围，如："深泥
里面""溪水里面"

(139) 问："物之塞得甚者，虽有那珠，如在深泥里面，更取不出。"
　　　　(《朱子语类》)

(140) 即时还了酒钱，两个同出酒店，去空野处除了花朵，溪水里面
　　　　洗了面，换一套男子前裳着了，取一顶单青纱头巾裹了。(《宋
　　　　四公大闹禁魂张》)

6. X 为信息载体类 NP

"里面/里边/里头"与信息载体类 NP 结合，表示抽象范围，如：

(141) 明经里面分许多项目：如春秋则兼通三传，礼则通三礼，乐则
　　　　尽通诸经所说乐处。(《朱子语类》)

(142) 世法里面，迷却多少人？佛法里面，醉却多少人？只如不迷不
　　　　醉，是甚麽人分上事。(《五灯会元》)

(143) 予曰："不如将几纸字去，每人与一纸，但向道：此是言《法

华》书里头有灾福。"(《东坡志林》)

7. X 为代词

（144）理会得大底了，将来那里面小底自然通透。(《朱子语类》)

（145）人之於义理，若见得後，又有涵养底工夫，日日在这里面，便意思自好，理义也容易得见，正如雨蒸郁得成後底意思。(《朱子语类》)

（146）又似个轮藏心，藏在外面动，这里面心都不动。(《朱子语类》)

（147）如公看诗，只是识得个模像如此，他里面好处，全不见得。(《朱子语类》)

（148）盖奢而犯礼，便是它里面著不得，见此些小宝业，便以为惊天动地，所以肆然犯礼无所忌也。(《朱子语类》)

"里面"与指示代词"这""那"及"它""他"组配，多用于表示抽象范围，也可以表示具体空间范围，如例（146）。

8. X 为"底（的）"字结构

"里面/里边/里头"与"底（的）"字结构结合，可以表示空间范围，如例（149），也可以表示抽象范围，如例（150）：

（149）譬之水，清底里面纤毫皆见，浑底便见不得。(《朱子语类》)

（150）若后世诸儒之言，唤做都不是，也不得；有好底，有不好底；

好底<u>里面</u>也有不好处，不好底<u>里面</u>也有好处（《朱子语类》）

二、"里"的逐步语法化

宋代，方位词"里面/里边/里头"不仅可以在句中单用，自由地充当主语、宾语、定语、介词宾语、状语、"V 介"宾语等，弥补"里"的句法局限，而且，还和"里"竞争，可以和建筑物类 NP、划界物类 NP、可容物类 NP、地形类 NP、非离散类 NP 等组成方位短语，这就促使"里"逐步语法化了。"里"的逐步语法化表现在以下三个方面。

（一）"里"的意义更加虚化

这一时期，"里"的意义进一步虚化，表泛向性、抽象义的用法增加，主要表现在：

第一，附在地点名词后面，没有实在意义。

"里"附在一些地点专名或表地点的词语后面，没有实在意义，相当于一个方所标记，如：

（151）僧作礼，师曰："是与不是，知与不知，只是新罗国<u>里</u>人。"（《五灯会元》）

（152）师曰："箭过西天十万里，却向大唐国<u>里</u>等候。"（《五灯会元》）

（153）就潭州市<u>里</u>讨间房屋，出面招牌，写着"行在崔待诏碾玉生活"。（《崔待诏生死冤家》）

（154）伊夺檐去，我底行货，都是川<u>里</u>买来底。（《张协状元》）

（155）东京沛州开封府枣槊巷<u>里</u>有个官人，复姓皇甫，单名松，本身是左班殿直，年二十六岁；有个妻子杨氏，年二十四岁；一个十三岁的丫鬟，名唤迎儿，只这三口，别无亲戚。（《简帖和尚》）

（156）先生曰："自来便尖利出头，不确实，到处<u>里</u>去入作章惇用。"（《朱子语类》）

（157）是处<u>里</u>，谁家杏花临水，依约靓妆窥照。（王诜《踏青游》）

上面例句中，"里"附在地点专名"新罗国""大唐国""潭州市""川""枣槊巷"和表地点的名词"到处""是处"等后面，并没有实在的意义，更多的是作为一种方所标记。不过，这类用法在现代汉语中已经消失。

第二，与机构类名词组配时不表处所，转指机构本身。

请看下面的例句：

（158）也曾有省、部、院<u>里</u>当职事的来说他。（《一窟鬼癞道人除怪》）

（159）今只州县学<u>里</u>小小补试，动不动便只是请嘱之私。（《朱子语类》）

上面例句中的"院里""学里"都不是指机构所在的处所，而是指机构本身。

第三，与抽象类 NP 组配表非空间义的用例增多。

请看下面的例句：

(160) 如此，则全身浸在尧舜之道<u>里</u>，又何必言"岂若吾身亲见之哉"？（《朱子语类》）

(161) 话<u>里</u>且说宇文绶发了这封家书，当日天色晚，客店中无甚底事，便去睡。（《简帖和尚》）

(162) 古人道得好：命<u>里</u>合吃粥，煮饭忘了漉。（《张协状元》）

上面例句中"尧舜之道里""话里""命里"都是抽象类 NP 与"里"组配，不表示实体空间，表示抽象范围。

第四，与时间类 NP 的组合有较大的扩展。

"里"可以附在很多表示时间的词语后面，如：

(163) 延平先生尝言："道理须是日中理会，夜<u>里</u>却去静处坐地思量，方始有得。"（《朱子语类》）

(164) 两个听得恁他说，日<u>里</u>吃的酒，都变做冷汗出来。（《一窟鬼癞道人除怪》）

(165) 今日<u>里</u>辞庙去，望相扶。（《张协状元》）

(166) 眼下<u>里</u>衣单又值雪，况肚中饥馁。（《张协状元》）

(167) 分明是前世<u>里</u>曾契，到今世重会面做儿女。（《张协状元》）

(168) 陶铁僧道："从小<u>里</u>，随先老底便在员外宅<u>里</u>掉茶盏抹托子。"（《万秀娘仇报山亭儿》）

(169) 妾身年少<u>里</u>，父母俱倾弃，在神庙六七年长独睡。（《张协状

元》）

（170）通宵<u>里</u>饮芳樽，通宵<u>里</u>饮芳樽。（《张协状元》）

上面例句中的"夜里""日里""眼下里""今日里""前世里""从小里""年少里""通宵里"的"里"没有实在意义，类似于一个表时间的方所标记。

（二）"里"的单用能力萎缩

"里面/里边/里头"产生后，基本上取代了"里"单用的句法功能，"里"单独充当句法成分的能力进一步萎缩。这一时期，"里"单用时必须与"外"（或表）对举或连用，一般只能作主语或宾语，数量极少。

（171）缘他是个<u>里</u>外牵连底物事，才牵著这一边，便动那一边，所以这字难说。（《朱子语类》）

（172）"我这里无可与汝，也无表无<u>里</u>，说似诸人，有疑便问。"（《五灯会元》）

（173）所谓'审问之'，须是表<u>里</u>内外无一毫之不尽，方谓之审。（《五灯会元》）

（174）"表<u>里</u>不收时如何？"（《五灯会元》）

这说明"里"意义进一步虚化，"里"需要与"表（外）"相对照才能提供充足的语义信息。

（三）"里"成为词内语素

"这里""那里"在晚唐五代开始使用，到宋代时普遍使用，固化成词，"里"开始成为词内语素，如：

(175) 师在街衢立，有僧问："和尚在这里作甚么？"（《五灯会元》）

(176) 祖曰："我这里一物也无，求甚么佛法？"

(177) 所以谓万物一体者，皆有此理，只为从那里来。（《河南程氏遗书》）

三、定量统计及小结

表5-4是宋代"里"与"里面/里边/里头"使用情况的定量统计。

表5-4　宋代"里"与"里面/里边/里头"的使用情况统计

句法分布 方位词	总数	单用	后置		
			总数	名~	动~	形~
里	404（100%）	7（1.73%）	397（98.27%）	391	4	2
里面/里边/里头	41（100%）	31（75.61%）	10（24.39%）	10	0	0

综合前面的考察及表5-4的定量统计，我们把"里""里面/里边/里头"在这一时期的使用特点总结如下：

"里面/里边/里头"单用能力强，可以自由地作主语、宾语、介词宾语、定语、状语、"V 介"宾语等，而"里"的单用能力弱，只能作介词宾语，有限度地作主语。在单用时，"里面/里边/里头"基本替代了"里"。"里面/里边/里头"单用的有31例，而"里"只有7例，而且都必须"里""外"对举或连用。

"里面/里边/里头"虽然以单用为主，但也可以与建筑物类、划界物类、可容物类、地域类、非离散类 NP 等组成方位短语，因此在与这些实体名词组合时，"里面/里边/里头"可以部分替代"里"的功能。不过，在使用频率上，"里面/里边/里头"远远不及"里"。"里"与名词的组配有 391 例，而"里面/里边/里头"只有 10 例。但是"里"与地点专名组合，与抽象类名词、与时间类名词组合以及与动词、形容词组合的用法，"里面/里边/里头"都无法替代。

第五节 元明清时期："里面/里边/里头" 使用的扩张及"里"的进一步语法化

一、"里面/里边/里头"使用的扩张

元明清时期，"里面""里头""里边"的用例都比宋代多了很多。30 万字的语料中，"里面""里头""里边"在宋代只有 41 例，而元明清时期有 116 例。

不过"里面""里头""里边"在使用频率及语体色彩上还是有一定的差异。"里面"的使用率最高，有 67 例，其次是"里头"，31 例，"里边"最少，8 例。在语体色彩上，"里头"的口语性最强，在《老乞大》《朴通事》口语性较强的文献中，"里头"共有 29 例，"里面""里边"却 1 例都没有，而在小说《醒世恒言》中，"里面"154 例，"里边"70 例，"里头"只有 1 例。另外，"里头"后置使用的比例比"里面""里边"要高很多。

（一）"里面/里边/里头"单用时表意范围的扩大

这一时期，"里面/里边/里头"单用时，除了表示实体空间，还可以

表示集合范围。

"里面/里边/里头"表示实体空间的很多，请看下面的例句：

(178) 冯妈妈连忙请入里面坐了，良久，王六儿引着女儿爱姐出来拜见。(《金瓶梅》)

(179) 如今便入里头去时，冻面皮都打破了，不中。(《朴通事》)

(180) 那妖急转身闯入里边，对娘娘道："快将宝贝拿来!"(《西游记》)

(181) 敬济就同二主管，走到里边房内，早已安排酒席齐整。

(182) 琴童贪看两折戏不走，直至半本回家，看见门上锁已没，一路进去，重重门都开，直到里边，房门也开的，箱子也开的，急忙跑出门来，报知家主公。(《型世言》)

(183) 那桂姐听毕，撇了酒席，走入房中，倒在床上，面朝里边睡了。(《金瓶梅》)

"里面/里边/里头"单用时，常放在动词"入"或动词短语"V入"后面作宾语，如例(178)(179)(180)。另外，很多时候，"里面/里边/里头"是以进(出)口为参照，以观察点为语境参考点，因而补不出明确的参照物，上面例句中，"里面/里边/里头"都是以进(出)口为参照。

"里面/里边/里头"也有表示范围的，请看下面例句：

(184) 你卖主自家看。里头没有一锭儿低的。(《老乞大谚解》)

(185) 你那众学生内中。多少汉儿人多少高丽人。汉儿高丽中半。里

头也有顽的麼。(《老乞大谚解》)

(186) 春梅道:"都是俺房里秋菊这奴才,大娘不在,劈空架了俺娘一篇是非,把我也扯在<u>里面</u>,好不乱哩。"(《金瓶梅》)

(二)"里面/里边/里头"后置于 X 时组配范围的扩大

在宋代,后置使用的主要是"里面"。而在元明清时期,除了"里面","里边""里头"也有不少后置使用的用例。可以与之组配的 X 的类别和范围更广。

1. 与"里面/里边/里头"组配频率高的 X

与"里面/里边/里头"组配频率高的 X,主要有以下几类:

(1) X 为建筑物类 NP

"里面/里边/里头"与建筑物类 NP 的组合很多,"里面/里边/里头"表示具体空间,如:

(190) 前面彩亭<u>里头</u>,一个塑的小童子,叫做芒儿,牌上写着"勾芒神",手拿着结线鞭,头戴耳掩或提在手里,立地赶牛。(《朴通事谚解》)

(191) 这夜宿在邮亭<u>里边</u>,听得卧房外,簌似有人行的一般,只见有一个鱼头的介士,禀道:"前溪溪神见。"(《型世言》)

(192) 当下又吃过了五七杯酒,却早月上来了,见厅堂<u>里面</u>如同白日。(《水浒传》)

上面例句中的"里面/里边/里头"都是与建筑物类 NP 组合,表示具体空间。

（2）X 为划界物类 NP

"里面/里边/里头"与划界物类 NP 组合，表示具体空间，如：

（187）那长老却丢了锡杖，解下斗篷，整衣合掌，径入山门，只见两
边红漆栏杆里面，高坐着一对金刚，装塑的威仪恶丑：一个铁
面钢须似活容，一个燥眉圆眼若玲珑。（《西游记》）

（188）到得那里，将灯照着树边，只见秋千索子挂向墙里边来了。
（《二刻拍案惊奇》）

（189）知观又指拨把台桌搭成一桥，恰好把孝堂路径塞住，外边就看
帘里边不着了。（《初刻拍案惊奇》）

上面例句中"红漆栏杆""墙""帘"都是划界物类 NP，"里面/里边/
里头"与这些划界物类 NP 组合，表示具体空间。

（3）X 为可容物类 NP

"里面/里边/里头"与可容物类 NP 的组合很多，如：

（193）则在书房中倾倒个藤箱子，向箱子里面铺几张纸。（《西厢记杂
剧》）

（194）衣裳、帽子、靴子都放在这柜里头，分付这管混堂的看着。
（《朴通事谚解》）

（195）粪拾在筐子里头。（《老乞大谚解》）

（196）秦凤仪到这地方，正值七月，天气一晚，船外飞得如雾，响得

似雷，船<u>里边</u>磕头撞脑都是。

(197) 恰值日该书办众人发衣包，先日把陈代巡弄个疲倦，乘他与别门子睡，暗暗起来，将他印匣内关防取了，打入衣包<u>里边</u>。（《型世言》）

　　上面例句中的"箱子""柜""筐子""船"等都是可容物 NP，"里面/里边/里头"与这类组合，表示具体空间。

（4）X 为群体类 NP

　　"里面/里边/里头"与群体类 NP 组合，表示群体范围，如下面例句中的"咱们伙伴里头""这些马里头""皇帝里边"等：

(198) 咱们火伴<u>里头</u>。教一个自炒肉。（《老乞大谚解》）

(199) 这些马<u>里头</u>。歹的十个。（《老乞大谚解》）

(200) 如今逃走了的人<u>里头</u>，路官、州县官也有，首领官也有，廉访司官也有。（《元典章·刑部》）

(201) 臣子也罢，连皇帝<u>里边</u>药发不救的也有好几个。（《二刻拍案惊奇》）

(202) 二奶奶这些大姑子小姑子<u>里头</u>，也就只单畏他五分。（《红楼梦》）

（5）X 为数量词语

　　"里面/里边/里头"与数量词语组合，表示范围，如：

（203）咱们留谁看房子。你三个<u>里头</u>。著这老的看著。（《老乞大谚
解》）

（204）十个<u>里边</u>，难得一两个来去明白，完名全节。所以天下衙官，
大半都出绍兴。（《今古奇观》）

（205）他十句<u>里边</u>，也回答着一两句，韵致动人。（《初刻拍案惊
奇》）

（206）安老爷便在这四个<u>里头</u>派了来升跟公子去，俞吉跟家眷去，留
下进禄、冯祥两个同着张进宝、梁材等在家照料。（《儿女英雄
传》）

上面例句中，"里面/里边/里头"与"三个""十个""十句"等数量
词语组合，表示范围。

（6）X 为代词

"里面/里边/里头"与代词组合，既可以表实体空间，又可以表抽象
范围：

一方面，"里面/里边/里头"常与指示代词"这""那"组合，除了
表示处所，还常表示抽象范围，如：

（207）见柴房门开着，员外道："莫不在这<u>里面</u>么？"（《三遂平妖
传》）

（208）你看他瞑目蹲身，将身一纵，径跳入瀑布泉中，忽睁睛抬头观
看，那<u>里边</u>却无水无波，明明朗朗的一架桥梁。（《西游记》）

（209）沈一走去取了钥匙，开柜一看，那<u>里头</u>空空的了。（《二刻拍案

惊奇》)

(210) 至于"色"之一字，人都在这<u>里头</u>生，在这<u>里头</u>死，那个不着
迷的？（《喻世明言》）

(211) 这<u>里头</u>倒有一半是不会的，不如毁了，另拈一个雅俗共赏的。
（《红楼梦》）

(212) 唱完此句，大众一齐喝采，这<u>里头</u>却明明白白夹着赵不了的声
音。（《官场现形记》）

上面例句中，前面三例"里面/里边/里头"都表实体空间，后面三例
"里面/里边/里头"则表抽象范围。

另一方面，"里面/里边/里头"可以与人称代词组合，表示集合范围，
如下面例句中的"我们里头""咱们里头"：

(213) "你只监察着我们<u>里头</u>有偷安怠惰的，该怎么样罚他就是了。"
（《红楼梦》）

(214) 指着香菱、宝琴、李纹、李绮、岫烟，"五个不算外，咱们<u>里</u>
<u>头</u>二丫头病不算，四丫头告了假也不算，你们四分子送了来，
我包总五六两银子也尽够了。"（《红楼梦》）

2. 与"里面/里边/里头"组配频率略低的 X

与"里面/里边/里头"组配频率略低的 X，主要有以下几类：

（1）X 为地形类 NP

"里面/里边/里头"与地形类 NP 组配，表示实体空间，如下面例句中

的"深山里头"。

(215) 家住在深山<u>里头</u>，好吃的是牛肉羊肉，闲来时打家截盗，剜墙窟，盗马偷牛。（《老乞大谚解》）

(2) X 为机构类 NP

"里面/里边/里头"与机构类 NP 组配，表示实体空间，如下面例句中的"县里边"。

(216) 一日，立在县前，只见县<u>里边</u>走出几个外郎来。（《型世言》）

(3) X 为身体部位类 NP

"里面/里边/里头"与身体部位类 NP 组配，表示实体空间，一般不表示抽象空间，如：

(217) 从与吕布交战之后，这里也无人，我吃他唬出我一庄病来：但听的吕布索战，唬的我便肚<u>里头</u>疼，上泻下吐。（郑光祖《虎牢关三战吕布》）

(218) 即时就小做一个绣花针儿相似，可以塞在耳朵<u>里面</u>藏下。（《西游记》）

上面例句中的"肚里头""耳朵里面"，都是"里面/里边/里头"与身体部位类 NP 组配，表示实体空间。

（4）X 为非离散类 NP

"里面/里边/里头"与非离散类 NP 组配，表示空间范围，如下面例句中的"米里头""血水里面"。

（219）你籴来的米<u>里头</u>。（《老乞大谚解》）

（220）只见血水<u>里面</u>浸着浮米。（《警世通言》）

（5）X 为信息载体类 NP

"里面/里边/里头"与信息载体类 NP 组配，表示抽象范围，如下面例句中的"章程里头""字眼里头"。

（221）"你那章程<u>里头</u>说的几样机器，依兄弟的意思，不妨每样买上一分，带来试用。"（《官场现形记》）

（222）佟少爷听了这话，好不为难，心下思量："他倒会软调脾，说出来的话软的同棉花一样，却是字眼<u>里头</u>都含着刺。"（《官场现形记》）

（6）X 为时间类 NP

"里面/里边/里头"与表时段的时间词语组配，表时间范围，如：

（223）别后到了湖州，这一年半<u>里边</u>，又到别处做些生意。（《初刻拍案惊奇》）

（224）岂知这半个月<u>里头</u>，刁迈彭早已大票银子运往京城，路子都已

弄好。(《官场现形记》)

(225) 黄知府道:"今儿在院上,护院还提起,说部文这两天<u>里头</u>一
　　　　定可到。"(《官场现形记》)

上面例句中,"里面/里边/里头"与时间词语"一年半""半个月"
"两天"组配。

二、"里"的进一步语法化

这一时期,随着"里面/里边/里头"使用的扩展,"里"进一步语法
化了。在组配方面,"里"与时间类 NP、AP、VP 的结合更多,在表意上,
除了表示空间,在表示时间及性质状态等方面有更灵活和普遍的用法。
"里"的单用能力继续萎缩,构词能力进一步发展。"里"的使用频率也
比前一时期更高。

(一)"里"表非空间义的用法增加

1. 表时间义的用法更普遍

"里"可以普遍地附在表时点的年、月、日等词语后面,也可以附在
表时段的时量短语后,这样的用例非常多,如:

(226) 新年<u>里</u>依着那体例禁断宰杀呵,怎生?奏呵,那般者么道,圣
　　　　旨了也。(《元典章·刑部》)

(227) 只说史进回到庄上,每日只是打熬气力;亦且壮年,又没老
　　　　小,半夜三更起来演习武艺,白日<u>里</u>只在庄射弓走马。(《水浒
　　　　传》)

(228) 王九妈道："不要说起,自从那日吃了吴八公子的亏,怕他还来淘气,终日<u>里</u>抬个轿子,各宅去分诉。"(《醒世恒言》)

(229) 不是鲁智深投那个去处,有分教:半日<u>里</u>送了十馀条性命生灵;一把火烧了有名的灵山古迹。(《水浒传》)

(230) 最奇怪的是,从小至七岁未曾哭过,也未曾笑过。每日<u>里</u>哭丧着小脸儿,不言不语,就是人家逗他,他也不理。(《七侠五义》)

(231) 到半夜<u>里</u>一般发热起来,觉道心头胀闷难过,次日便爬不起来。(《今古奇观》)

(232) 到了年时三四月<u>里</u>,退了毛,换了个白狮子猫。头年<u>里</u>蒋皇亲见了我,还说:"你拿的我红猫哩?"(《醒世姻缘传》)

(233) 这个月亮,十五就明了,三十就暗了,上弦下弦就阴暗各半了,那初三四<u>里</u>的月亮只有一牙,请问他怎么便会慢慢地长满了呢?(《老残游记》)

(234) 太太说:"这离三月<u>里</u>也快了,拿出来看看,该洗的缝的添的置的,早些收拾停当了,省得临时忙乱。"(《儿女英雄传》)

(235) 她连忙把信拆开,原来这封信还是去年腊月<u>里</u>,雯青初到圣彼得堡京城所寄的。(《孽海花》)

(236) 从他受事到今,两三个月<u>里</u>,水陆处处失败,关隘节节陷落,反觉得忧心如捣,寝馈不安。(《孽海花》)

上面例句中"新年里""白日里""终日里""半日里""每日里""半夜里""头年里""初三四里""三月里""腊月里",其中的"里"都是附在表时点的词语后面，没有实在意义，类似一个时间标记。最后一例"两三个月"是"里"附在时量短语后，表示时段。

2. 表状态义的用法更普遍

表状态义时，"里"主要与动词、形容词组合。

可以与"里"组合的动词更多，如下面例句中"睡里""打闹里""病里""一跳里"，"里"都表示动作持续所造成的状态。

(237) 张珙有何德能，敢劳神仙下降，知他是睡里梦里？（《西厢记杂剧》）

(238) 打闹里，那大王爬出房门，奔到门前摸着空马，树上析枝柳条，托地跳在马背上，把鞭条便打那马，却跑不去。（《水浒传》）

(239) 桂子闲中落，槐花病里看。（《西厢记杂剧》）

(240) 伴教头措手不及，就那一跳里和身一转，那棒直扫着洪教头骨上，撇了棒，扑地倒了。（《水浒传》）

这一时期，可以与"里"组合的形容词也非常多，如下面例句中的"劳困里""忙里""急切里""呆里""半酣里""白里""正热里""亮里""暗里"等，"里"都表示状态。

(241) 劳困里休饮水。（《老乞大谚解》）

(242) 他着紧处将人慢，您会云雨闹中取静，我寄音书忙里偷闲。（《西厢记杂剧》）

（243）四肢不能动止，急切里盼不到蒲东寺。(《西厢记杂剧》)

（244）你休要呆里撒奸；你待要恩情美满，却教我骨肉摧残。(《西厢记杂剧》)

（245）吃到半酣里。(《水浒传》)

（246）两腮浓厚，如帛裹朱，从白里隐隐透出红来。(《老残游记》)

（247）"前日只是趁早凉走，如今怎地正热里要行，正是好歹不均匀！"(《水浒传》)

（248）他是亮里，你是暗里。(《醒世恒言》)

（249）怎当得人多得紧了，茫茫里向那个问是？(《二刻拍案惊奇》)

（250）半万贼兵，卷浮云片时扫净，俺一家儿死里逃生。(《西厢记杂剧》)

现代常用的"往＋A＋里＋V"格式，也是在这一时期发展起来的，如下面例句中的"往死里糟踏""往远里讲""往少里打算"。

（251）那丫头子又没就死了，值的他也骂我，你也骂我，赖我心坏，把我往死里糟踏。(《红楼梦》)

（252）我想人生梦幻泡影，石火电光，不必往远里讲，就在座的你我三个人，自上年能仁寺初逢，青云山再聚，算到今日，整整的一年。(《儿女英雄传》)

（253）什么伙食钱，酒席价，格外往少里打算，也不要什么扣头。(《官场现形记》)

（二）"里"单用能力的继续萎缩

这一时期，"里"的单用能力继续萎缩。"里"单用时一般只能作介词宾语，如：

(254) 美娘连吃了二碗，胸中虽然略觉豪燥，身子兀自倦怠，仍旧倒下，向里睡去了。(《金瓶梅》)

(255) 这水伯将白玉盂向里一倾，那妖见是水来，撇了长枪，即忙取出圈子，撑住二门。(《西游记》)

上面例句中，"里"都是作介词"向"的宾语。

作主语或宾语时必须"里""外"对举或连用，如下面例句中的"里"：

(256) 邢权与兰花两个里应外合，使心设计。(《醒世恒言》)

(257) 那些富贵人家的女客，成群逐队，里里外外，来往不绝，都穿的是锦绣衣服。(《红楼梦》)

(258) 钱青贴里贴外，都换了时新华丽衣服，行动香风拂拂，比前更觉标致。(《醒世恒言》)

（三）"里"构词能力的发展

"里"构词能力的发展，主要表现在两个方面：

一是"里"后置构词，如：

（259）四下里齐举火把，八方处乱滚灯。（《封神演义》）

（260）我相思为他，他相思为我，从今后两下里相思都较可。（《西厢记杂剧》）

（261）押解差人还不知就里，乃道："这是极乐庵里尼姑，押出去召保的，你们休错认了。"（《醒世恒言》）

（262）一则呢，是十三妹姑娘的委派；再我们头领也有话在头里。（《儿女英雄传》）

（263）其中又有个老成的，背地里捏手捏脚，教他莫说，以此罢了。（《醒世恒言》）

上面例句中的"四下里""两下里""背地里""头里""就里"，其中"里"都是作为词内语素后置。

二是"里"前置构词。"里"前置作定语时常常和单音节词连用，很多组合常用以后凝固成词，如下面例句中的"里间""里衣"等，"里"成了一个词内成分。

（264）那小玉开了里间房门，取了一把钥匙，通了半日，白通不开。（《金瓶梅》）

（265）衫儿、裤儿、里肚等里衣且休说。（《朴通事》）

三、定量统计及小结

表5-5是元明清时期"里"与"里面/里边/里头"使用情况的定量统计。

表5-5 元明清时期"里""里面/里边/里头"的使用情况统计

句法分布\方位词	总数	单用	后置				
			小计	名~	代~	动~	形~
里	1129（100%）	8（0.71%）	1121（99.29%）	1109	0	3	9
里面/里边/里头	120（100%）	70（57.33%）	50（42.67%）	38	12	0	0

这一时期，"里面/里边/里头"的使用频率比前一时期增加了，虽然在句法分布上仍然以单用为主，但后置的比例比前一时期有所增加。而且可以组配的名词类别也更多，组配频率较高的是建筑物类、可容物类、划界物类、群体类名词，与代词及数量词语的组配频率也比较高。此外，"里面/里边/里头"还与身体部位类、非离散类、信息载体类、时间类词语组配，但是使用频率比较低。

"里"在这一时期继续语法化，表非空间义的用法增多，与时间类词语的组合非常多，与动词、形容词的组合也更普遍、更广泛，"里"的意义更加虚化。此外，"里"频繁作为词内成分构词也是"里"虚化的一个表现。使用频率的大幅提高也是"里"语法化的表现之一。30万字的语料中"里"的使用量由宋代的404例提高到明清时期的1129例。

第六节　本章小结

本章主要考察方位词"里""里面/里边/里头"的历时演变过程。

方位词"里"来源于名词"裏"，本义是"衣服的里层"，在西汉时开始成为方位名词。"里"的本义是表示"有明确里外界限的三维实体空间内部"。"里"最初在句中以单独使用为主，与名词组合成方位短语时限于身体部位类、划界物类、建筑物类名词。

魏晋南北朝时，"里"与名词构成方位短语的功能得到很大的扩展。可容物类、地域类、非离散类、集合类甚至抽象类的名词都可以与之组合，"里"的表意范围也从实体空间扩展到抽象范围。在句法形式上，"里"单用的功能开始减弱。

唐五代时，"里"的组配功能及意义范围进一步扩大。可组配的名词类别除了实体名词外，与抽象类名词、时间类名词的组合日趋增多，而且还可以与动词、形容词组合表示性质。"里"的表意范围从空间发展到时间再扩展到状态，"里"的意义越来越虚泛空灵。在句法形式上，"里"以后置组成方位短语占绝对优势，表现出虚词常有的定位性和黏附性。种种迹象表明，在唐代，方位词"里"开始了语法化的历程。"里"在句法位置上的定位性及语义的虚化，造成了"里"在表意功能和句法功能上的局限性。

为了弥补"里"语法化所造成的损耗，对"里"语法化后留下的"空位"进行填补，双音节方位词"里面/里边/里头"应运而生。"里面/里边/里头"的产生是语法化过程中的具体强化现象。"里面/里边/里头"的意义比"里"具体明确，在表意上以表示实体空间为主，在句法上以单用为主，弥补了单音节方位词"里"在表意功能和句法功能上的局限性。

到宋代，随着双音节方位词"里面/里边/里头"对"里"的意义和功能的分担，"里"进一步语法化了。"里"的使用频率和后置使用率越来越高。在表意功能上，"里"与抽象词语、时间词语的结合更加普遍广泛，空间实指义降低；句法功能上，"里"单用的功能进一步减弱。

元明清时期，"里"的使用频率是宋代的两倍多。"里"表时间、表性质的用法也比前一时期多，在句法上，"里"进一步虚化为词内成分，单用能力则趋于萎缩。

双音节方位词"里面/里边/里头"自唐代产生后也在意义和用法上有所扩展。一方面，"里面/里边/里头"单用的句法功能进一步增强，可以在句中充当主语、宾语、定语、状语、"V介"宾语。另一方面，"里面/里边/里头"和名词性成分组成方位短语的能力也在增强，可以与建筑物类、划界物类、可容物类、离散类、群体类名词组配，以表实体空间为主。但是同时"里面/里边/里头"也出现了表时间义的用法，这说明，"里面/里边/里头"自身也避免不了虚化的历程。

从方位词"里""里面/里边/里头"的历时发展过程中，我们可以看到，"里""里面/里边/里头"的共时差异是历时演变的结果。

"里""里面/里边/里头"在句法功能上的差异是历时演变的结果。"里"在两汉魏晋时期可以比较自由地充当主语、宾语、定语、中心语等句法成分，但随着"里"后置用法的普遍，"里"定位性和黏附性越来越强，意义变得虚泛，"里"的单用功能减弱。而作为"里"的强化形式，"里面/里边/里头"意义更实在，因此单用功能更强。

在后置构成方位短语时，"里""里面/里边/里头"的纠结与分工也是历时原因所致。"里面/里边/里头"意义实在，因而倾向于与实体类名词组配，而"里"语法化后意义虚化，因此表抽象范围、时间、状态时更倾向于用"里"。"里面/里边/里头"可以与代词组配也是历时影响的结果。

第六章

"里"类方位词的双音化效应

本章将结合前面几章的内容，在对"里"类方位词的共时差异和历时演变进行考察的基础上，分析"里"类方位词双音化的句法效应。双音节方位词"里面/里边/里头"自唐代产生，发展至今，使"里"类方位词在形式上有了鲜明的分化，形成了单音节的"里"和双音节的"里面/里边/里头"两分的局面。然而，"里"类方位词双音化的影响不止于此。双音化还导致了"里"类单、双音节方位词在漫长历史发展过程中句法、语义、语用上的变化。

本章定量统计的语料来源：历时语料与第五章同，当代语料为王朔、毕淑敏小说选（具体篇目见第一章语料说明），各时期语料都控制在 30 万字左右，语料共计 180 万字左右。

第一节　双音化与"里"类方位词的功能分化

"里面/里边/里头"的产生，使"里"原有的语法功能被部分替代，使"里"类方位词的功能产生分化。

一、"里"单用的句法功能基本被"里面/里边/里头"取代

从表6－1可以看出，双音节方位词产生后，"里"单用的句法功能逐步被"里面/里边/里头"所取代。

表6－1　历代"里""里面/里边/里头"单用情况统计

方位词 朝代	里	里面/里边/里头
两汉	53（100%）	0
魏晋	11（100%）	0
唐	5（83.33%）	1（16.67%）
宋	7（41.18%）	10（58.82%）
元明清	8（10.26%）	70（89.74%）
当代	15（26.78%）	41（73.22%）

在双音节方位词"里面/里边/里头"产生之前，在两汉、魏晋南北朝时期，"里"在句中可以比较自由地作主语、宾语、定语、中心语等。如：

(1) 此为半在里半在外也。(《伤寒杂病论》)

(2) 裴渊《广州记》曰："五子树，实如梨，里有五核，因名'五子'。"(《齐民要术》)

(3) 过于核，里肉正白如鸡子，著皮，而腹内空：含汁，大者含升馀。(《齐民要术》)

(4) 大哉圣人，言之至也。开之廓然见四海，闭之闇然不睹墙之里。(扬雄《法言》)

(5) 太过为阳绝于<u>里</u>，亡津液，大便因硬也。(《伤寒杂病论》)

例（1）"里"在句中作宾语，例（2）"里"在句中作主语，例（3）"里"在句中作定语。

然而，双音节方位词"里面/里边/里头"之后，从宋代至今，在句子里自由单用充当主语、宾语、定语等句法成分的功能基本上由双音节方位词"里面/里边/里头"承担。要表达上面例句中"……在里""里有……""里肉……""V于里""N之里"类似的意思时，在现代汉语中都不能用"里"，而要用"里面（头、边）"与其他词语的组合来表述。如：

(6) 有的老师连救出十几个孩子，才想起自己的儿女还在<u>里面</u>。

(7) 然后，他把切好的苹果伸到我面前："爸爸看哪，<u>里头</u>有颗星星呢。"

(8) 他看见一棵椰子树，打下树上好几个椰子，劈开来，我们喝了<u>里面</u>的汁、吃了<u>里面</u>的肉，心中感到满意。

(9) 当小分队摸到火光的光圈外层最黑暗的地带，看到一座四壁人头高的雪墙，在雪墙的<u>里面</u>，生着一堆大火，火舌冒出四壁以上，一舐一舐地向四外散射着光芒。

(10) 海胆立即分开针刺，让小鱼躲在<u>里面</u>。

在上面的例句中，"里面/里边/里头"分别承担宾语、主语、定语、中心语、"V介"宾语的功能。

　　究其原因，在于双音节方位词"里面/里边/里头"产生后，由于语义更实在，指称性更强，在表意上可以不依附于前面的名词，更适合单用，从而承担了原来"里"单用的句法功能，使"里"单用的句法功能逐渐萎缩。自唐五代时双音节方位词"里面""里头"产生后，从宋代开始，"里"就极少单用，单用时作主、宾语时需要与"外（表）"配对使用。一直到现代汉语中，"里"的所谓的单用能力有二：一是作定语，作少数介词的宾语，实际上都已经构成较固定的词汇化组合，如作定语时只能与单音节词组合，构成的双音节单位是黏合的，不能扩展，如"里屋""里侧"等，而作介词宾语时只能说"往里""朝里""向里"，不能说"在里"。二是在对举或连用格式中作主语和宾语，如"里三层，外三层""里外一把手"也大多俗语化了，而成语"里应外合""里外勾连"等则是文言格式的固化形式。因此可以说，单音节方位词"里"的单用能力接近消失。

　　对比表6-2和表6-3可以看出，"里"单用的句法功能在逐步萎缩：唐代以前，"里"可以自由地充当主语、宾语、定语等句法成分，宋代以后，"里"单用的句法功能主要是作介词宾语，一般不能作主语、宾语，除非是在"里""外"对举或连用的情况下。而"里面/里边/里头"单用的句法功能则在逐步发展，"里面/里边/里头"可以自由地作主语、宾语、定语、状语、介词宾语、"V介"宾语等。可见，现代汉语中"里"与"里面/里边/里头"在句法功能上的差异是历时变化的结果。

表6-2　历代"里"单用充当句法成分的使用情况统计

时期　用例数＼所作句子成分		主语	宾语	介宾	定语	状语	"V介"宾语
两汉	53	24	22		7		
魏晋	11	6	2		3		
唐	5	4				1	
宋	对举3	2	1				
	连用4	2	2				
元明清	对举3	1	1	1			
	连用3	1	1				
	其他2			2			
当代	对举3	2	1				
	连用1	1					
	其他11			11			

表6-3　历代"里面/里边/里头"单用充当句法成分的使用情况统计

时期　用例数＼所作句子成分		主语	宾语	介宾	定语	状语	"V介"宾语
唐	1				1		
宋	10	3	4			2	1
元明清	70	30	16	12	2	5	5
当代	44	19	1	9	9	1	5

二、"里"原有的组配功能被"里面/里边/里头"部分替代

表6-4是唐代前后"里""里面/里边/里头"与X的组配功能比较。

表6-4　唐代前后"里""里面/里边/里头"与X的组配功能比较

朝代 / 方位词 \ X的类别		建筑物类NP	划界物类NP	部位类NP	可容物类NP	地域类NP	非离散类NP	机构类NP	群体类NP	信息类NP	抽象类NP	时间类NP	动词	形容词	代词	数量词
两汉	里	+	+	+	−	−	−	−	−	−	−	−	−	−	+	−
魏晋	里	+	+	+	+	+	+		+	+					+	
唐代	里	+	+	+	+	+	+	+	+	+	+	+	+	+	−	−
唐代	里面	+	+	+	−	−	−	−	−	−	−	−	−	−	+	−
宋代	里面	+	+	+	+	+	+	−	−	−	−	−	−	−	+	−
明清	里面	+	+	+	+	+	+	+	+	+	+	+	−	−	+	+
当代	里面	+	+	+	+	+	+	+	+	+	+	+	−	−	+	+

注:"＋"表示组配能力比较强,"±"表示组配能力一般,"－"表示一般没有这种组配

从表6-4中可以看到,从唐代开始,"里"与实体名词、代词组成方位短语的功能被"里面/里边/里头"部分替代。在唐代双音节方位词"里面/里边/里头"产生前,"里"主要是与建筑物类、划界物类、可容物类、身体器官类、地域类、非离散物类等实体名词组配,表示具体空间。

请看下面例句:

(11) 老时值雨者,则坏茧,宜於屋里簇之:薄布薪於箔上,散蚕讫,又薄以薪覆之。(《齐民要术》)

(12) 尔时诸王车皆停在朱雀门里,日既暝,不暇远呼车近在离门里,敕呼来,下油幢络,拟以载之。(沈约《宋书》

列传第三十二)

(13) 下帷灯火尽。朗月照怀里。(王义康《读曲歌八十九首》之七十)

(14) 寂寂幽山里,谁知无闷心。(杨素《山斋独坐赠薛内史诗二首》)

(15) 水里生葱翅,池心恒欲飞。(萧绎《吴趋行》)

然而双音节方位词"里面/里边/里头"产生后,也逐渐地取得了与实体名词组配的功能。从表6-4中可以看到,在唐代,"里面/里边/里头"还只与建筑物类、划界物类、可容物类名词组配,但宋代以后,建筑物类、划界物类、可容物类、身体器官类、地域类、非离散物类等实体名词都可以与"里面/里边/里头"组配,"里面/里边/里头"就部分取代了"里"与实体名词组配的功能。

因此,上面例句中的"屋里""门里""怀里""山里""水里"中的"里"在现代汉语中都可以换成"里面/里边/里头",如:

(16) 她斜睨他一眼,生气地走进屋里头,根本就没当他这个人的存在。

(17) 现在他就站在门里面,用手腕上的铁钩轻轻敲门,冷冷地说:"我是人,不是野狗,我到别人房里来的时候,总是要敲门的。"

(18) 她惊愕地捡起那布抱在怀里头,"你疯了!"

(19) 后来村周围实在没有了,我们就结伴远行,到人烟稀少的山里边去。

(20) 把这个刀扣过去，然后呢，再来一个人再把刀呢，翻回来，就在水<u>里</u>头儿来回翻那刀。

唐以前，"里"还可以与代词"其"组成方位短语，如：

(21) 身体疼痛者，先温其<u>里</u>，乃攻其表。（张仲景《伤寒杂病论》）

但宋代以后，与代词组成方位短语的功能也被双音节方位词"里面/里边/里头"所取代。如：

(22) 洞口不大，只能容一个人进出，但那<u>里面</u>走不多久，洞就比较宽敞了。在洞里行走，会不时发现主洞旁边还有支洞。

从表6-3中我们不难看出，宋代以后"里面/里边/里头"的组配功能正好与唐代以前"里"的组配功能相当，即都主要与建筑物类、划界物类、可容物类、身体器官类、地域类、非离散物类名词及代词组配。

第二节 双音化与方位词"里"的语法化

"里面/里边/里头"产生后，基本取代了"里"单用的句法功能，"里"与实体名词、代词组成方位短语的功能也被"里面/里边/里头"部分取代,这些变化推动了方位词"里"的语法化。

一、"里"的后附性越来越强

表6-5是"里"后置使用的历时变化情况统计。

表6-5 "里"后置使用的历时变化情况统计

分布 朝代	总数	单用	后置于				
			总数	名	代	动	形
两汉	59	53(89.8%)	6(10.2%)	3	3		
魏晋	40	11(27.5%)	29(72.5%)	29			
唐	180	5(2.8%)	175(97.2%)	167		2	6
宋	404	7(1.73%)	397(98.27%)	391		4	2
元明清	1129	8(0.71%)	1121(99.29%)	1109		3	9
当代	1061	15(1.41%)	1046(98.59%)	1041			5

从表6-5可以看出,双音节方位词"里面/里边/里头"的出现,使"里"的单用能力被削弱,后附性越来越强。具体表现在:

以唐代为分水岭,"里"单用和后置的比例有明显的变化。魏晋时期,"里"的单用比例为27.5%,后置比例为72.5%;唐五代以后,"里"的单用比例急剧下降,在2%左右,后置比例稳步上升,稳定在97%以上。"里"几乎变成了一个后置词。

唐代以后,"里"后置使用比率也一直在不断提高。从魏晋时期到当代,"里"后置使用率增加了30多倍。

而唐代正是双音节方位词"里面""里头"的产生时期。由于"里"原有的单用功能被"里面/里边/里头"替代,使得"里"基本只能后附,后置性、定位性越来越强，"里"的词汇意义越来越弱，"里"虚化成一个类似方所标记的后置词，很多时候不是为了语义需要，而只是为了句法需要而用，这是造成方位词"里"后置使用率大增的原因。

二、"里"构词能力的发展

双音节方位词"里面/里边/里头"对"里"的单用功能的压缩，对"里"造成了两个方面的影响，一是使"里"的后附性越来越强，二是使"里"进入词法层面，虚化成构词成分。"里"的构词能力强，可以与名词、代词、形容词、数量词等构成"心里""这里""明里""四下里"等。汉语中一批由"里"参与构成的词，基本上都是在双音节方位词"里面/里边/里头"产生后出现的。"这里""那里""心里""夜里"的普遍使用是在唐宋时期，"私下里""暗地里""四下里""背地里"等则是在明清时期开始广泛使用的。

双音节方位词"里面/里边/里头"产生后，承担了"里"的单用功能，迫使"里"向后置词方向发展，词汇意义越来越弱，变成一个类似处所标记的功能词。吴福祥（2006）指出，在汉语中，一个功能词或附着词进一步语法化时，常常跟毗邻的词项"熔合（fuse）"成一个新的词汇项，原来的语法词或附着词成为这个新词汇项中的一个"词内语素"。也就是说，汉语中语法词或附着词的后续演变是"词汇化"，即：

实义词 > 语法词或附着词 > 词内语素

因此，当这时的"里"与其他词语的组合反复使用时，组合间原来的边界就会消失，"里"就跟毗邻的词项熔合成一个新词。不过，"心里""夜里""这里""那里"成词于唐宋时期，其中的"里"还不同程度地保留了"里"的方所实义。而到了明清时期的"私下里""暗地里""四下里""背地里",其中"里"的词汇意义已经难觅踪迹了。

当然,"里"构词能力的发展,与"里"的单音节特征也有一定的关系。由于汉语的词多为双音节词,单音节的"里"易于与另一个单音节成分构成一个双音节词。而"里面/里边/里头"由于本身是双音节,在音节方面不具备优势,所以难以与其他成分构成一个新词。

三、"里"的组配范围进一步扩大

表6-6是方位词"里"后置与X组配的历时变化情况统计。从表中可以看出:

以双音节方位词"里面/里边/里头"的产生时期——唐代为界,"里"的组配对象有很大变化。唐代以前,"里"主要与建筑物类、划界物类、可容物类、身体器官类、地域类、非离散物类等实体名词组配,表示具体的空间意义。但是双音节方位词"里面/里边/里头"产生后,"里"与实体名词组配的功能被"里面/里边/里头"部分取代,迫使"里"寻找新的组配对象。

于是"里"的组配对象从实体名词扩展到抽象名词,从名词扩展到动词、形容词、数量词,"里"越来越多地与抽象类、时间类名词组配,与动词、形容词、数量词组合成方位短语,并且这种能力不断增强。

表6-6　方位词"里"后置与 X 组配的历时变化情况统计

X 的类别 时期	建筑物类NP	划界物类NP	部位类NP	可容物类NP	地域类NP	非离散类NP	机构类NP	群体类NP	信息类NP	抽象类NP	时间类NP	动词	形容词	代词	数量词
两汉	+	+	+	-	-	-	-	-	-	-	-	-	-	+	-
魏晋	+	+	+	+	+	+	-	±	±	-	-	-	-	+	-
唐代	+	+	+	+	+	±	±	±	±	±	±	±	±	-	-
宋代	+	+	+	+	+	+	+	+	+	+	+	+	+	-	-
明清	+	+	+	+	+	+	+	+	+	+	+	+	+	-	+
当代	+	+	+	+	+	+	+	+	+	+	+	+	+	-	+

注："+"表示组配能力比较强，"±"表示组配能力一般，"-"表示一般没有或很少有这种组配。

四、"里"的意义更加虚化

组配对象的变化带来"里"意义的虚化。唐五代以前，"里"主要与实体名词组配，表示具体的空间意义。唐代以后，除了与实体名词组配以外，"里"的意义进一步虚化：即与抽象类名词、数量词组配表示抽象的范围，与时间类名词组配表示时间，与动词、形容词组配表示状态。"里"的意义虚化的路径是：表示具体空间→抽象空间→时间→状态。

表6-7 是各历史时期"里"的语义变化情况统计。

表6-7 各历史时期"里"的语义变化情况统计

时期	总数	表实体空间（比例）	表抽象范围	表时间	表状态
两汉	59	59（100%）			
魏晋	40	38（95%）	2		
唐五代	180	133（73.89%）	35	7	5
宋	404	294（72.77%）	85	18	7
元明清	1129	811（71.83%）	256	42	20
当代	1061	711（67.02%）	296	40	14

从表6-7中可以看出，以唐五代为界，方位短语中"里"的语义发生了由空间实指义到非空间实指义的变化。唐五代以前，90%以上的"里"都是表示实体空间的义，唐五代以后，"里"表示实体空间义的比例不断下降，降至当代的67.02%。也就是说，在当代，方位短语中"里"表非空间义的比例越来越高。

由于"里"的意义的虚化，也导致了"里""里面/里边/里头"在组配对象上的差异，即表示抽象空间、时间、状态等意义时一般用"里"，强调具体的空间意义时用"里面/里边/里头"。

吴福祥（2003）指出，一个典型的语法化过程包括"语义—语用""形态—句法""语音—音系"三个子过程，在语义—语用上表现为抽象性、主观性逐渐增加，在形态—句法上表现为黏着性、强制性逐渐增加，范畴特征逐渐减少，语音—音系上表现为音系形式的逐渐减少和弱化。方位词"里"在三个方面都有表现：语义上抽象性越来越强，句法上后附性越来越强，语音上弱化，附着在其他词语后面时轻读。从这三个方面判断，"里"在唐代以后，一直处在语法化的过程中，语法化程度越来越高。

第三节　双音化与"里"类方位短语的性质变化

在唐五代以前，汉魏六朝时期，方位短语"X里"之间可以插入结构助词"之"，"X里"是组合性的短语，比较下面几组例句：

(23) 四环至自少广之表，鹿马变于萧墙之里。(《抱朴子》)

(23') 愿作墙里燕。高飞出墙外。(慕容垂《歌辞三曲》)

(24) 彼数子者，皆身栖青云之上，而困于泥尘之里，诚以危行不容于衰世，孤立聚尤于众人，加谗诌蛆蛊其中，谤隙蜂飞而至故也。(沈约《宋书》)

(24') 日暮沙漠垂，战声烟尘里。(王维《相和歌辞·从军行》)

(25) 秋槐花落空宫里，凝碧池头奏管弦。(刘昫等《旧唐书》)

(25') 梓宫之里，玄堂之内，圣灵所凭，是以——奉遵，仰昭俭德。(魏收《魏书》)

上面例句中的"墙里"和"萧墙之里"，"烟尘里"和"泥尘之里"，"宫里"和"梓宫之里"，意思差别不大。不难看出，在汉魏六朝时期，方位短语"X里"是组合性的，因为"X"和"里"之间可以插入结构助词"之"。这时候"里"的空间意义还很实在。唐五代以后，随着双音节方位词"里面/里边/里头"的产生，"里"的后置性、附着性越来越强，词汇意义越来越弱，"X 里"逐渐成为附着性的方位短语。这主要表现在两个方面。

一是"X"和"里"之间不能插入任何别的成分。如"墙里"不能说成"墙之里"也不能说成"墙的里"。

二是"X 里"有时候可以省略"里"，意义基本相同。如"他在教室里学习"其中的"里"去掉，句子意思没有改变。这里的"里"几乎没有了词汇意义，类似于一个方所标记。

而方位短语"X 里面/里边/里头"则是组合性的，因为"X"和"里面"之间可以插入结构助词"的"。如下面的例句：

(26) 在围墙里面，是新搬迁来的居民为自己盖起的小茅屋。

(26') 轻风吹来，树枝摇曳，灯光闪烁变幻，好像有一个童话般的世界深藏在围墙的里面。

"围墙里面"中间可以插入"的"变成"围墙的里面"，说明其组合是组合性的。在方位短语的性质上，"X 里面/里边/里头"与中古时期"X 里"的性质是一致的。

第四节　双音化与韵律配置

邱斌（2008）、蔡言胜（2008）等认为，双音节方位词"里面/里边/

里头"的产生是汉语词汇双音化所致，我们认为，韵律原因虽然不是双音节方位词产生的根本原因，但双音节方位词"里面/里边/里头"的产生确实在一定程度上起到了韵律配置的作用。由于双音节方位词"里面/里边/里头"的出现，使得"里"类方位词在韵律组配上有一定的分工。主要表现在这几个方面：

一、与前现名词的韵律组配

在唐代双音节方位词"里面/里边/里头"产生之前，与单音节方位词"里"组合成方位短语的名词有单音节的，也有双音节的，如：

(27) 候实开，便收之，挂著屋里壁上，令阴干，勿使烟熏。（《齐民要术》）

(28) 绝溜飞庭前，高林映窗里。（谢灵运《石壁立招提精舍诗》）

(29) 束薪幽篁里，刘泰寒涧阴。（鲍照《拟古诗八首》之一）

(30) 顾长康画谢幼舆在岩石里。（《世说新语·巧艺第二十一》）

上面例句中前两例是单音节名词与"里"组配，后两例是双音节名词与"里"组配。

不过，当前现名词是双音节时，有时"里"前会加"之"，起调整音节的作用。我们查到的"N之里"的用例，其前现名词都是双音节的，如：

(31) 陈元方兄弟恣柔爱之道，而二门之里，两不失雍熙之轨焉。

（《世说新语·德行第一》）

(32) 空桑<u>之里</u>，变成洪川；历阳之都，化为鱼鳖。（刘峻《辩命论并序》，《全梁文》卷五十七）

"二门之里""空桑之里"，"里"前面的名词都是双音节。

在"里面/里边/里头"产生之后，由于是双音节词语，所以往往易于与双音节的名词组配，这样组成"2+2"的韵律组配，节律更稳定。唐代是双音词"里面"产生之时，我们找到的这一时期与"里面"组合成方位短语的名词都是双音节的，这在一定程度上说明了双音节方位词"里面/里边/里头"与双音节名词在韵律上的组配优势。

这一特点从表6-8的统计数据中也可以看出。在宋代及元明清时期，双音节方位词"里面/里边/里头"与双音节名词组配都占绝对优势。在当代小说语料中，虽然"里面/里边/里头"后置使用的不多，但也都是与双音节名词组配。

表6-8 各时期"里面/里边/里头"与前现名词的音节配置情况统计

时期	与N组配总数	与单音节N	与双音节N	与多音节N
宋	10	0	10（100%）	0
明清	38	5（13.2%）	29（76.3%）	4（10.5%）
当代	4	0	4（100%）	0
总计	51	5（9.8%）	42（82.4%）	4（7.8%）

而"里"由于语义虚化，附着性强的特点，在韵律组配上更自由一些，虽然与单音节名词和双音节名词的组配都很多，但是，总体来说，"里"与单音节名词的组配更占优势。

二、与后现名词的韵律组配

当"里"类方位词前置与名词组配时，"里"和"里面/里边/里头"的韵律分工更明确。即单音节方位词"里"与单音节成分组合，双音节方位词"里面/里边/里头"与双音节或多音节成分组合。

如我们可以说"里屋""里圈""里边屋子""里头一层""里头那一间"，但不能说"里屋子""里一圈""里那一间"，也不能说"里边屋""里头圈"。

第五节 双音化与语体分布

双音节方位词"里面/里边/里头"的产生也使"里"类方位词在语体分布上有了倾向性的分工。

这一方面与"里"类方位词的历时发展有关。从第四章的考察可见，在唐代，"里面/里边/里头"主要是出现在口语体的禅宗语录中，这说明双音节方位词"里面/里边/里头"的口语色彩比较浓。"里面/里边/里头"这一特点一直保留至今。而"里"虽然一开始也多在口头语体中出现，但随着语义的虚化、方所标记作用的增强、使用的广泛，"里"越来越多地出现在书面语体中。

另一方面与"里"类方位词的音节特点有关。"里面/里边/里头"是双音节，节奏舒缓，在口语中显得语气和缓一些，"里"是单音节，紧凑简练，书面语色彩浓一些。因此，到现代汉语里，"里"和"里面/里边/

里头"在语体分布上存在这样的倾向性：在书面语体中，"里"的使用频率大大超过"里面/里边/里头"，口头语体中"里"和"里面/里边/里头"的使用频率都很高，"里"略多于"里面/里边/里头"。

第六节 本章小结

双音节方位词"里面/里边/里头"的产生，不仅使"里"类方位词在形式上有了鲜明的分化，形成了单、双音节的对立，而且还使"里"类方位词在句法、语义、语用等方面有了一定的分工，带来一系列深远的影响，主要表现在以下几个方面。

"里面/里边/里头"的产生促使"里"类方位词的功能产生分化。由于意义比"里"更具体实在，所以"里面/里边/里头"产生后基本上取代了"里"单用的句法功能。这样，使得"里"单用的句法功能萎缩，后附性越来越强。同时"里"句法功能的萎缩也导致"里"词法功能的扩展，"里"越来越多地作为构词语素出现。

"里面/里边/里头"的产生和发展推动了方位词"里"的语法化。"里面/里边/里头"对"里"单用功能的压缩，使"里"的后附性越来越强，而"里"与实体名词的组配功能被"里面/里边/里头"部分取代后，迫使"里"寻找新的组配对象，越来越多地与抽象类名词、时间类名词甚至动词、形容词组配。从表具体空间到抽象空间，从表空间到表时间、状态，"里"的意义进一步虚化了。

"里面/里边/里头"的产生还使方位短语"X里"的性质发生变化：

由组合性的方位短语变为附着性的方位短语。另外，"里面/里边/里头"的产生还使"里"类方位词在音节配置、语体分布上有了一定的分工。

"里面/里边/里头"产生后，正是由于其承担了"里"原有的句法功能及表实义的功能，"里"才从方位名词里独立出来，走上语法化的道路，逐渐虚化为方位后置词。而"里面/里边/里头"则承担了"里"原有的语法功能，成为带后置功能的方位名词。因此，我们认为，"里"类单音节方位词与双音节方位词在句法上并不是同质的。

第七章

结　语

　　本书以现代汉语中的一组近义单双音节方位词"里""里面/里边/里头"为研究对象，在对大规模语料进行定量考察的基础上，通过对比分析，全面考察了"里""里面/里边/里头"在共时、历时平面的使用情况。现将全书的主要内容总结如下：

一、"里""里面/里边/里头"在使用频率、语体分布、句法分布上有很大差异

　　定量统计的结果显示，"里"的使用频率要远远高于"里面/里边/里头"。在语体分布上，"里""里面/里边/里头"也有比较大的区别。在书面语体中，以使用"里"为主，"里"的使用频率比"里面/里边/里头"高得多。在口头语体，"里""里面/里边/里头"都很常见，"里"的使用频率略高于"里面/里边/里头"。在句法分布上，"里"是粘着定位的，不管在哪类语体中，"里"的后置比例都在98%以上。"里面/里边/里头"是自由不定位的，在书面语体中以单用为主，在口头语体则以后置为主。

二、"里""里面/里边/里头"在参照类别、参照物与目的物的空间关系、方位辖域等方面既有纠结又有倾向性的分工

从参照类别看，"里"类方位词的方位参照有三类：容器参照、界线参照、进（出）口参照。容器参照可以用"里"，也可以用"里面/里边/里头"；界线参照可以用"里"，但更倾向于用"里面/里边/里头"；进（出）口参照一般用"里面/里边/里头"，用"里"只限于作定语或介词宾语。从"里"类方位词参照物和目的物的关系来看，可以分为容入性关系、离析性关系、接触性关系。容入性关系可以用"里"，也可以用"里面/里边/里头"；离析性关系倾向于用"里面/里边/里头"；接触性关系一般用"里面"。从"里"类方位词方位辖域和参照物的空间关系看，方位辖域可以分为内指整体区域、内指部分区域、外指区域。内指整体区域可以用"里"，也可以用"里面/里边/里头"；内指部分区域一般用"里面/里边/里头"；外指区域可以用"里"，但更倾向于用"里面/里边/里头"。

三、"里""里面/里边/里头"在句法语义上的分工主要体现在单用的句法能力以及与非 NP 组成方位短语的能力上

1. "里面/里边/里头"单用的句法功能强，而"里"单用的功能极弱。定量统计的结果表明，"里面/里边/里头"单用时最主要的句法功能是充当主语，其次是介词宾语、定语、"V 介"宾语，此外还可以充当状语、中心语。而"里"单用时最主要的功能是充当介词"往""向""朝"的宾语，不能作介词"在"的宾语。偶尔可以作主语、宾语、定语，但都限于与"外"配对使用的情况，"里"不能作"V 介"宾语、状语、中心语。

2. "里"可以与 VP、AP 组成方位短语表示状态，但"里面/里边/里头"极少与 VP、AP 组成方位短语。

3. "里面/里边/里头"常与代词组成方位短语，还可以与"的"字结构组成方位短语，表示具体空间或范围，"里"没有这种用法。

四、"里""里面/里边/里头"与 NP 组配时在组配对象、表意功能上既有纠结又有倾向性的分工

"里""里面/里边/里头"都可以与 NP 组配，但是在组配对象上存在一定的倾向性："里面/里边/里头"与划界物类、群体集合类 NP 的组配能力强，"里"与非离散物类、抽象事物类、时间类 NP 的组配能力强。在与建筑物类、可容物类、身体部位类、地域地形类、区划机构类 NP 的组配上，"里"和"里面/里边/里头"的能力相差不大。

"里""里面/里边/里头"与 NP 的组配主要受到以下几个因素的制约：

1. NP 的空间属性

"里面/里边/里头"倾向于与空间性强、边界明确的 NP 组配。NP 的实体空间性越强，边界越明确，"里面/里边/里头"与之组配的能力越强；NP 的实体空间性越弱，越倾向于与"里"组配。所以"里面/里边/里头"与建筑类、可容物类、划界物类 NP 的组配能力强，而与抽象类、时间类 NP 的组配能力弱。

2. "里"和"里面/里边/里头"的表意特点

在语义表达上，"里面/里边/里头"强调在界线内部，强调界限性、区分性；"里"表示在整体范围内，更注重整体性、范围性。当要强调 NP 的

界限性时，用"里面/里边/里头"；当要强调 NP 的整体性时，用"里"。空间外延明确，边界清晰的 NP 易于与"里面/里边/里头"组配；当 NP 的边界模糊时，但作为一个整体仍然清楚时，则倾向于与"里"组配。

3. NP 与目的物的空间关系

当 NP 与目的物是抽象的空间关系时，倾向于与"里"组配。用"里面/里边/里头"时，NP 与目的物的空间关系多为具体的空间关系。

4. 韵律因素

定量统计的结果显示，在口头语体中，用"里"还是"里面/里边/里头"，与名词的音节数之间存在一定的倾向性。当 NP 为单音节时，多与"里"组配；当 NP 为双音节时，用"里""里面/里边/里头"都可以；当 NP 为多音节时，多用"里面/里边/里头"。

5. 语体因素

"里面/里边/里头"口语性强，在口头语体中，与 NP 组配，用"里"和"里面/里边/里头"都很常见。但在书面语体，与 NP 组配时绝大多数用"里"。

受组配倾向的影响，在表意功能上，"里"和"里面/里边/里头"也有一定的差异。"里面/里边/里头"表示实体空间的能力强，表示抽象范围和时间的能力弱。而"里"除了可以表示实体空间外，表示抽象范围和时间的能力比"里面/里边/里头"强。

五、"里""里面/里边/里头"在共时平面的纠结与分工是历时语法化的结果

通过对"里""里面/里边/里头"的历时演变过程的考察，我们发现，"里""里面/里边/里头"在共时平面的纠结与分工实际上是历时语法化的结果。方位词"里"在西汉时开始出现，最初是方位名词，在句子中以单独使用为主，后置使用时一般与实体名词组合表示具体的空间意义。然而经过魏晋南北朝时期的发展，到唐五代时，"里"已经开始语法化了：单用能力减弱，后置性增强，组配对象广泛，意义逐渐虚化。双音节方位词"里面/里边/里头"在这一背景下产生，其作用是弥补"里"语法化所造成的损耗，对"里"语法化后造成的空位进行填补。"里面/里边/里头"意义比"里"更具体实在，逐渐承担了"里"原来单用的句法功能，还部分承担了与实体名词组配的功能。随着"里面/里边/里头"对"里"的意义和功能的分担，"里"进一步语法化了：单用能力萎缩，后附性更强，与抽象类 NP、时间类 NP 以及 VP、AP 的结合更加普遍广泛，意义更加虚化。

六、方位词的双音化会带来一系列效应

双音节方位词"里面/里边/里头"的产生不仅使"里"类方位词有了单音节和双音节的形式分化，"里"类方位词的双音化还在句法、语义、语用等方面带来了一系列效应，表现在：

1. 使"里"类方位词的功能产生分化

由于"里面/里边/里头"意义比"里"更具体实在，所以"里面/里边/里头"产生后基本上取代了"里"单用的句法功能。这样，使得"里"单用的句法功能萎缩，后附性越来越强。同时句法功能的萎缩也导致"里"词法功能的扩展，"里"越来越多地作为构词语素出现。

2. 推动了方位词"里"的语法化

"里面/里边/里头"对"里"单用功能的压缩，使"里"的后附性越来越强，而"里"与实体名词组配的功能被"里面/里边/里头"部分取代后，迫使"里"寻找新的组配对象，越来越多地与抽象类名词、时间类名词甚至动词、形容词组配。"里"从表具体空间到抽象空间，再到表时间、状态，"里"的意义进一步虚化，逐渐向方位后置词转化。

3. 使方位短语"X 里"的性质发生变化

唐五代以前，"X 里"是组合性的短语，"X"和"里"之间可以插入结构助词"之"。双音节方位词"里面/里边/里头"产生后，"里"的后附性越来越强，词汇意义越来越弱，"X 里"逐渐成为附着性短语，中间不能插入任何成分。

此外，"里面/里边/里头"的产生还使"里"类方位词在音节配置、语体分布上有了一定的分工。

"里面/里边/里头"产生后，正是由于其承担了"里"原有的句法功能，"里"才从方位名词里独立出来，走上语法化的道路，逐渐虚化为方位后置词。而"里面/里边/里头"则承担了"里"原有的语法功能，成为带后置功能的方位名词。

参考文献

［1］蔡言胜.《世说新语》方位词研究［D］.天津：南开大学，2005.

［2］蔡永强.汉语方位词及其概念隐喻系统［M］.北京：中国社会科学出版社，2010：51-55.

［3］陈昌来.介词与介词功能［M］.合肥：安徽教育出版社，2002：137-148.

［4］陈承泽.国文法草创［M］.北京：商务印书馆，1982：28.

［5］陈满华."机构名词＋里、上"结构刍议［J］.汉语学习，1995（3）：26-29.

［6］陈满华.从外国学生的病句看方位词的用法［J］.语言教学与研究，1995（3）：61-76.

［7］陈瑶.官话方言方位词比较研究［D］.广州：暨南大学，2001.

［8］陈瑶.汉语方言里的方位词"头"［J］.方言，2003（1）：88-92.

［9］陈瑶.方位词研究五十年［J］.深圳大学学报，2003，20（2）：111-116.

［10］储泽祥.汉语空间方位短语历史演变的几个特点［J］.古汉语

研究, 1996 (1): 57 - 61.

[11] 储泽祥. "满 + N" 与 "全 + N" [J]. 中国语文, 1996 (5): 339 - 344.

[12] 储泽祥. 现代汉语名词的潜形态——关于名词后添加方位词情况的考察 [J]. 古汉语研究 (增刊), 1995 (A1): 48 - 54.

[13] 储泽祥. 现代汉语的命名性处所词 [J]. 中国语文, 1997 (5): 326 - 335.

[14] 储泽祥. 现代汉语方所系统研究 [M]. 武汉: 华中师范大学出版社, 2003: 241 - 277.

[15] 储泽祥. 汉语 "在 + 方位短语" 里方位词的隐现机制 [J]. 中国语文, 2004 (2): 112 - 122.

[16] 储泽祥. 汉语处所词的词类地位及其类型学意义 [J]. 中国语文, 2006 (3): 216 - 224.

[17] 储泽祥, 王寅. 空间实体的可居点与后置方位词的选择 [J]. 语言研究, 2008 (4): 50 - 62.

[18] 崔希亮. 空间方位关系及其泛化形式的认知解释 [M] //中国语文杂志社. 语法研究和探索 (十). 北京: 商务印书馆, 2000: 85 - 97.

[19] 崔希亮. 空间关系的类型学研究 [J]. 汉语学习, 2002 (1): 1 - 8.

[20] 崔希亮. 方位结构 "在……里" 的认知考察 [M] // 中国语文杂志社. 语法研究和探索 (十一). 北京: 商务印书馆, 2002: 246 - 264.

[21] 戴庆厦. 景颇语词的双音节化对语法的影响 [J]. 民族语文, 1997 (5): 25 - 30.

[22] 戴庆厦. 景颇语方位词 "里、处" 的虚实两重性——兼论景颇

语语法分析中的"跨性"原则 [J]. 民族语文, 1998 (6): 12 – 18.

[23] 邓芳. 方位结构"X 中/里/内"比较研究 [D]. 广州: 暨南大学, 2006: 20 – 27.

[24] 丁声树. 现代汉语语法讲话 [M]. 北京: 商务印书馆, 1961: 73 – 77.

[25] 董秀芳. 词汇化: 汉语双音词的衍生和发展 [M]. 成都: 四川民族出版社, 2002: 218 – 227.

[26] 董志翘. 略论"中"的语法意义与语法功能 [J]. 杭州师范大学学报, 2010 (3): 89 – 96.

[27] 端木三. 重音理论和汉语的词长选择 [J]. 中国语文, 1999 (4): 246 – 254.

[28] 范继淹. 论介词短语"在 + 处所"[J]. 语言研究, 1982 (1): 71 – 86.

[29] 方经民. 现代汉语方位参照聚合类型 [J]. 语言研究, 1987 (2): 3 – 13.

[30] 方经民. 汉语"左""右"方位参照中的主视和客视 [J]. 语言教学与研究, 1987 (3): 52 – 61.

[31] 方经民. 论汉语空间方位参照认知过程中的基本策略 [J]. 中国语文, 1999 (1): 12 – 20.

[32] 方经民. 汉语空间参照系统中的方位参照 [M] //范开泰, 齐沪扬. 面向二十一世纪语言问题再认识——庆祝张斌先生从教五十周年暨八十华诞. 上海: 上海教育出版社, 2001: 94 – 108.

[33] 方经民. 汉语空间区域范畴的性质和类型 [J]. 世界汉语教

学, 2002 (3): 37 - 48.

[34] 方经民. 现代汉语方位成分的分化和语法化 [J]. 世界汉语教学, 2004 (2): 5 - 15.

[35] 方经民. 地点域/方位域对立和汉语句法分析 [J]. 语言科学, 2004 (6): 27 - 41.

[36] 方梅. 从空间范畴到时间范畴——说北京话中的"动词——里" [M] //吴福祥, 洪波. 语法化与语法研究 (一). 北京: 商务印书馆, 2003: 145 - 165.

[37] 冯胜利. 汉语韵律语法研究 [M]. 北京: 北京大学出版社, 2005: 61 - 85.

[38] 冯胜利. 汉语的韵律、词法与句法 [M]. 北京: 北京大学出版社, 2009: 33 - 35.

[39] 冯志纯. 谈谈由方位词构成的名词和方位短语的划界问题 [J]. 自贡师专学报, 1989 (3): 67 - 68.

[40] 富克萍. 方位词教学浅谈 [J]. 语言与翻译, 2003 (2): 73 - 74.

[41] 付宁. 语法化视角下的现代汉语单音方位词研究 [D]. 济南: 山东大学, 2009.

[42] 高慧燃. 方位词组和处所名词作状语的存现句和作主语的说明句 [J]. 汉语学习, 1981 (3): 11 - 14.

[43] 高桥弥守彦. 关于名词和方位词的关系 [J]. 世界汉语教学, 1997 (1): 24 - 32.

[44] 高桥弥守彦. 是用"上"还是用"里" [J]. 语言教学与研究, 1992 (2): 47 - 60.

［45］甘露．甲骨文方位词研究［J］．殷都学刊，1997（4）：1-6.

［46］葛婷．"X上"和"X里"的认知分析［J］．暨南大学华文学院学报，2004（1）：59-68.

［47］缑瑞隆．方位词"上""下"的语义认知基础与对外汉语教学［J］．语言文字应用，2004（4）：69-75.

［48］郭锐．现代汉语词类研究［M］．北京：商务印书馆，2002：206-210

［49］郭熙．"放到桌子上""放在桌子上""放桌子上"［J］．中国语文，1986（1）：20-23.

［50］何乐士．《世说新语》的语言特色——《世说新语》与《史记》名词作状语比较［J］．湖北大学学报（哲学社会科学版），2000（6）：36-41.

［51］侯兰生．《世说新语》中的方位词［J］．西北师范学院学报，1985（1）：49-54.

［52］胡明扬．现代汉语词类问题考察［J］．中国语文，1995（5）：381-399.

［53］黄伯荣，廖序东．现代汉语［M］．北京：高等教育出版社，2002：11-13.

［54］黄芳．方位标"里""内""中"历时考察及认知解释［D］．武汉：华中师范大学，2006.

［55］黄育红．现代汉语"V进NP里"格式［J］．湖南社会科学，2004（2）：130-133.

［56］蒋斌．方位成分语义指向分析［J］．重庆三峡学院学报，2010

（1）：97－98.

［57］江蓝生. 近代汉语探源［M］. 北京：商务印书馆，2000：157－167.

［58］江蓝生. 近代汉语研究新论［M］. 北京：商务印书馆，2008：1－22.

［59］金昌吉. 方位词的语法功能及其语义分析［J］. 内蒙古民族师院学报（哲社版），1994（3）：22－26.

［60］孔令达，王祥荣. 儿童语言中方位词的习得及相关问题［J］. 中国语文，2002（2）：111－117.

［61］蓝纯. 从认知角度看汉语的空间隐喻［J］. 外语教学与研究，1999（4）：7－15.

［62］李崇兴. 处所词发展历史的初步考察［M］//胡竹安，杨耐思，蒋绍愚. 近代汉语研究. 北京：商务印书馆，1992：243－263.

［63］李晋霞，刘云. 从概念域看单音方位词语法化的非匀质性［J］. 语言科学，2006（4）：3－13.

［64］李泰洙. 古本、谚解本《老乞大》里方位词的特殊功能［J］. 语文研究，2000（2）：30－38.

［65］李清华. 外国留学生在方位词使用上的几个问题［J］. 语言教学与研究，1980（1）：107－115.

［66］李向农，周国光，孔令达. 1－5岁儿童运用方位句及方位介词情况的调查分析［J］. 心理科学，1992（3）：49－51.

［67］李向农. 现代汉语时点时段研究［M］. 武汉：华中师范大学出版社，1997：18－20.

［68］李亚非. 汉语方位词的词性及其理论意义［J］. 中国语文,
2009（2）：99－109.

［69］李瑛. 容器图式和容器隐喻［J］. 西南民族大学学报（人文社
科版），2004（5）：448－451.

［70］李瑛. "里外"域隐喻概念意义研究［J］. 四川教育学院学报,
2004（9）：80－82.

［71］李宇明. 空间在世界认知中的地位［M］// 李宇明. 语法研究
录. 北京：商务印书馆, 2002：324－336.

［72］黎锦熙. 新著国语文法［M］. 北京：商务印书馆, 1992：148.

［73］廖秋忠. 现代汉语篇章中空间和时间的参考点［J］. 中国语
文, 1983（4）：257－263.

［74］廖秋忠. 空间方位词和方位参考点［J］. 中国语文, 1989
（1）：9－17.

［75］林笛. 汉语空间方位词的语用考察［M］//北京大学中文系
《语言学论丛》编委会. 语言学论丛（十八）. 北京：商务印书馆, 1993：
3－37.

［76］林晓恒. 魏晋至唐基本方位词语义研究——兼论复合方位词的
产生与发展［D］. 武汉：华中科技大学, 2006.

［77］林晓恒. "~边、~面、~头"类方位词产生原因探析［J］.
语言研究, 2010（4）：67－70.

［78］刘顺. 现代汉语名词的多视角研究［M］. 上海：学林出版社,
2003：39－42.

［79］刘丹青. 语法化中的更新、强化与叠加［J］. 语言研究, 2001

(2): 71 – 81.

[80] 刘丹青. 赋元实词与语法化 [M] //潘悟云. 东方语言与文化. 上海: 东方出版中心, 2002: 238 – 256.

[81] 刘丹青. 汉语中的框式介词 [J]. 当代语言学, 2002 (4): 241 – 254.

[82] 刘丹青. 语序类型学与介词理论 [M]. 北京: 商务印书馆, 2003: 129 – 136.

[83.] 刘丹青. 方所题元的若干类型学参项 [M] //徐杰. 汉语研究的类型学视角. 北京: 北京语言大学出版社, 2005: 229 – 249.

[84] 刘宁生. 汉语怎样表达物体的空间关系 [J]. 中国语文, 1994 (3): 169 – 179.

[85] 刘宁生. 汉语偏正结构的认知基础及其在语序类型学上的意义 [J]. 中国语文, 1995, (2): 81 – 89.

[86] 刘晓梅. "里/内/中"和"外"不对称原因的历时探索 [J]. 社科纵横, 2009 (11): 85 – 86.

[87] 刘月华. 实用现代汉语语法 [M]. 北京: 商务印书馆, 2001: 50.

[88] 吕冀平. 汉语语法基础 [M]. 北京: 商务印书馆, 2000: 72 – 73.

[89] 吕叔湘. 方位词使用情况的初步考察 [J]. 中国语文, 1965 (3): 206 – 210.

[90] 吕叔湘. 现代汉语八百词: 增订版 [M]. 北京: 商务印书馆, 1999: 359 – 361.

[91] 吕叔湘. 吕叔湘文集: 第 1 卷 [M]. 北京: 商务印书馆,

1990：195.

　　[92] 吕兆格. 方位词"里""外"的语义认知基础与对外汉语教学 [J]. 云南师范大学学报，2005（5）：50 – 53.

　　[93] 罗丽. 方位式词组分类初探 [J]. 汉语学习，1988（2）：26 – 28.

　　[94] 罗日新."里、中、内"辨异 [J]. 汉语学习，1987（4）：13 – 16.

　　[95] 马建忠. 马氏文通 [M]. 北京：商务印书馆，1983：98.

　　[96] 马喆."往 A 里 V"格式的功能演变及主观化进程 [J]. 语言教学与研究，2009（5）：39 – 44.

　　[97] 毛燕. 方位短语"X 里"的转指用法及其动因初探 [J]. 语文学刊，2009（9）：110 – 112.

　　[98] 齐沪扬. 现代汉语的空间系统 [J]. 世界汉语教学，1998（1）：22 – 33.

　　[99] 齐沪扬. 现代汉语空间问题研究 [M]. 上海：学林出版社，1999：187 – 202.

　　[100] 钱乃荣. 现代汉语 [M]. 北京：高等教育出版社，1990.

　　[101] 邱斌. 汉语方位类词相关问题研究 [M]. 上海：学林出版社，2008：188 – 202.

　　[102] 邱斌，王琛. 汉语双音节方位词语的产生 [J]. 井冈山学院学报，2009（1）：72 – 77.

　　[103] 任瑚琏. 现代汉语方位词的性质——兼论方位词在汉语词类系统中的地位和方位词的范围 [J]. 西南民族学院学报（社科版），1988（2）：88 – 97.

　　[104] 任宣知. 方位词组与含有方位语素名词的划界问题 [J]. 语

言教学与研究, 1986 (1): 85 – 99.

[105] 邵敬敏. 现代汉语 [M]. 上海: 上海教育出版社, 2001: 177.

[106] 沈家煊. 实词虚化的机制 [J]. 当代语言学, 1998 (3): 41 – 46.

[107] 太田辰夫, 蒋绍愚, 徐昌华. 中国语历史文法 [M]. 北京: 北京大学出版社, 1987: 93.

[108] 谭赤子. 方位词的方位意义在语言发展中的引申和变化 [J]. 古汉语研究, 1991 (1): 59 – 60.

[109] 唐启运. 论古代汉语的处所方位名词 [J]. 华南师范大学学报, 1992 (1): 80 – 88.

[110] 唐韵. 元曲选中方位短语及其功能: 上 [J]. 四川师范学院学报, 2000 (1): 8 – 16.

[111] 唐韵. 元曲选中方位短语及其功能: 中 [J]. 四川师范学院学报, 2000 (2): 54 – 61.

[112] 唐韵. 元曲选中方位短语及其功能: 下 [J]. 四川师范学院学报, 2000 (3): 38 – 42.

[113] 田盛超. 现代汉语处所词的范围以及处所标记的粘附情况 [J]. 黑龙江社会科学, 2004 (2): 106 – 108.

[114] 屠鸿生. 古代汉语中方位词的用法 [J]. 嘉兴师专学报, 1984 (1): 104 – 110.

[115] 王艾录. 方位短语结构分析 [J]. 汉语学习, 2008 (6): 14 – 20.

[116] 王力. 汉语史稿 [M]. 北京: 中华书局, 1980: 571

[117] 王立. 汉语方位词身份的确认与 N + L 结构的收词策略 [J]. 北京大学学报 (专刊), 2001: 150 – 154.

[118] 王莉. 汉语方位词"前、后、里、外"研究 [D]. 开封：河南大学，2008：23-32.

[119] 王锳. 唐诗方位词使用情况考察 [M] //王锳. 近代汉语词汇语法散论. 北京：商务印书馆，2004：134-145.

[120] 汪维辉. 方位词"里"考源 [J]. 古汉语研究，1999（2）：34-38.

[121] 文炼. 时间、处所和方位 [M]. 上海：上海教育出版社，1984：8-14.

[122] 文炼，胡附. 词类划分中的几个问题 [J]. 中国语文，2000（4）：298-302.

[123] 温敏. 方位词"里"、"中"的语义认知分析及对外汉语教学 [J]. 信阳师范学院学报，2010（2）：101-105.

[124] 吴福祥. 关于语法化的单向性问题 [J]. 当代语言学，2003（4）：307-322.

[125] 吴福祥. 汉语语法化研究的当前课题 [J]. 语言研究，2005（2）：20-32.

[126] 吴福祥. 汉语语法化研究 [M]. 北京：商务印书馆，2005：101-119.

[127] 吴福祥. 汉语方所词语"後"的语义演变 [J]. 中国语文，2007（6）：494-506.

[128] 武和平，魏行. 英汉空间方所表达的认知语义分析——以"里""上"和"in""on"为例 [J]. 解放军外国语学院学报，2007（3）：1-6.

[129] 邢福义. 方位结构"X 里"和"X 中"[J]. 世界汉语教学, 1996 (4): 4-15.

[130] 谢红华. 单双音节同义方位词补说 [J]. 语言教学与研究, 2001 (2): 71-76.

[131] 徐天云. 方位语素地理名词造词的内在手段和外在因素 [J]. 汉语学习, 2003 (1): 27-31.

[132] 徐天云, 宋晓蓉. 方位结构中参照的表现形式 [J]. 新疆大学学报, 2007 (3): 149-151.

[133] 姚占龙. 方位词"里、内"的方位表达及其范畴化 [J]. 汉语学习, 2009 (6): 33-38.

[134] 杨安红, 周鸣. 现代汉语存现句与方位词 [J]. 徐州师范大学学报 (哲学社会科学版), 2001, 27 (2): 56-58.

[135] 杨伯峻, 何乐士. 古汉语语法及其发展: 上 [M]. 北京: 语文出版社, 1989: 95-98.

[136] 杨辉. 容器方位词里、内、中、外的空间意义 [J]. 四川教育学院学报, 2008, 24 (12): 74-79.

[137] 杨江. 方位词"里""中""内"的语义认知分析 [J]. 湖南科技大学学报, 2007, 10 (6): 105-109.

[138] 叶军. 现代汉语节奏研究 [M]. 上海: 上海世纪出版集团, 2008: 143-167.

[139] 尹海良. 现代汉语方位类后缀"-头"和"-面"的认知考察 [J]. 东南大学学报 (哲学社会科学版), 2008, 10 (4): 120-125.

[140] 袁毓林. 一价名词的认知研究 [J]. 中国语文, 1994 (4):

241 – 253.

[141] 袁毓林 . 词类范畴的家族相似性 [J] . 中国社会科学, 1995 (1): 154 – 170.

[142] 赵薇 . 略论现代汉语方位词范围及特点 [J] . 江苏教育学院学报, 2001, 17 (5): 79 – 83.

[143] 赵元任 . 汉语口语语法 [M] . 北京: 商务印书馆, 1979: 277 – 279.

[144] 张金生, 刘云红 . "里""中""内"空间意义的认知语言学考察 [J] . 解放军外国语学院学报, 2008, 31 (3): 7 – 12.

[145] 张世禄 . 先秦汉语方位词的语法功能 [J] . 河北大学学报, 1996 (1): 59 – 64.

[146] 张谊生 . 现代汉语虚词 [M] . 上海: 华东师范大学出版社, 2000: 297 – 304.

[147] 周烈婷 . 汉语方位词"上(面)""里(面)"隐现条件的认知解释 [M] //陆俭明 . 面临新世纪挑战的现代汉语语法研究——98 现代汉语语法学国际学术会议论文集 . 济南: 山东教育出版社, 2000: 658 – 668.

[148] 朱德熙 . 语法讲义 [M] . 北京: 商务印书馆, 1982: 43 – 44.

[149] 朱晓军 . 空间范畴的认知语义研究 [D] . 上海: 华东师范大学, 2008: 164 – 169.

[150] 邹韶华 . 现代汉语方位词的语法功能 [J] . 中国语文, 1984 (3): 20 – 22.

[151] 邹韶华 . 语用频率效应研究 [M] . 北京: 商务印书馆, 2001: 101 – 109.

[152] 邹韶华. 现代汉语方位词语法功能补议 [J]. 中国语文, 2007 (1): 20 - 22.

[153] CROFT W. Syntactic Categories and Grammatical Relations: The Cognitive Organization of Information [M]. Chicago and London: The University of Chicago Press, 1991: 253.

[154] ERNST T. Chinese postpositions? ——again [J]. Journal of Chinese Linguistics, 1988, 16 (2): 219 - 245.

[155] HEINE B, CLAUDI U. Grammaticalization: A Conceptual Framework [M]. Chicago: The University of Chicago Press, 1991.

[156] HOPPER P J, TRAUGOTT E C. Grammaticalization [M]. Cambridge: Cambridge University Press, 1993: 99 - 139.

[157] LANGACKER R W. Grammar and Conceptualization [M]. Berlin: Mouton de Gruyter, 1999.

[158] LEHMANN C. Thoughts on Grammaticalization [M]. München and Newcastle: Lincom Europa, 1995: 16.

[159] LEVINSON S C. Space in Language and Cognition: Explorations in Cognitive Diversity [M]. Cambridge: Cambridge University Press, 2003.

[160] LIU F. A clitic analysis of locative particles [J]. Journal of Chinese Linguistics, 1998, 26 (1): 48 - 70.

[161] SVOROUS S. The Grammar of Space. Amsterdam [M]. Amsterdam: John Benjamins Publication, 1993.

[162] TALMY L. Toward a Cognitive Semantics: Vol. I [M]. Cambridge, Massachusetts: The MIT Press, 2000: 177 - 254.

后 记

本书是在我博士学位论文的基础上修改而成的。现在能够出版了，要感谢的人很多。

首先要感谢我的导师储泽祥教授。我的博士学位论文从选题、构思、成文到定稿，自始至终都得到了储老师的指导。老师渊博的学识，敏捷的才思，过人的观察力，独到的分析能力，常常使我折服。

感谢我的硕士导师彭小川教授。彭老师把我领进语言研究的殿堂，并一直像慈母一样关心我，鼓励我。

在本书的写作过程中，我的同门、好友、同事都给予了我诸多帮助和关照，我要衷心地感谢他们：

同门的王霞、金鑫、张金圈、智红霞、万光荣、彭小球、赵雅青、刘玮娜诸君，读博时的室友姚芳，在我写作最艰难的时候，都给了我最切实的帮助和鼓励。

我所在的单位——湖南师大国际汉语文化学院的同事们给我的写作提供了许多便利。杨玲院长一直在各方面关心和帮助我；李斌老师、张林老师惠赠我语料和检索软件，使我写作的效率大大提高；孙汉萍老师给我提供了一个安静的房间，使我能不受干扰地写作。

　　最后要感谢的是我的家人。没有先生和父母的支持，我不可能顺利完成本书的写作。记得刚读博时，儿子才四岁。我忘不了，那时每次跟儿子打电话，他的第一句话总是："妈妈，我想你。"而最后一句话永远是："妈妈，早点儿回来。"那稚嫩的童音，将永远珍藏在我的记忆中。

　　谨以此书献给我的家人。

刘清平